私の馬研究ノートI

Note of My Horse Research

蹄音の誘《いざな》い

JRA調教師
小桧山 悟 著

第1章　ジョッキー誕生

ジョッキー誕生……13
5年越しの口約束……14
草競馬で会った少年／後世に残すもの
ジョッキーベイビーズが残してきたもの……19
出場者のその後／草競馬荒らし
騎手を目指す子供たち……24
門戸開放／競馬学校入学への道
プロをめざして厩舎実習……28
厳格な規定／自由の罠／履修項目／挨拶の効用
騎手養成の歴史……37
揺籃の地／短期と長期

狭き門より……41
特異な応募資格／騎手の適性
学びに無駄はない……45
管理された日々／馬に乗るために
試験を乗り越えて……49
進級のために／合格率はほぼ１００％
免許取得後の新人騎手……53
嬉しいニュース／初勝利の味
ヤングジョッキーシリーズで起きたこと……58
瞬時の判断／微妙な「間」
競馬学校での第１レース……62
緊張の面持ち／本番はここから／詳細な解説／話の価値
プロへの道のり……70
調教師カメラマン／結果より大事なこと

騎手のワザ……75
1着でゴール／レース後に語られたこと
神様がくれた試練……79
まさかの出来事／写真の意味
テイクオフ……83
デビュー戦／先にあるもの
地方の灯火……87
笠松での交流戦／同じ競馬
凱旋勝利……91
大出遅れ／谷深ければ山高し

第2章
ターフは踊る……97

馬は人を見るか？ 98
さみしさとあきらめと／馬は厩務員が大好き
思いをつなぐ点と線 102
30年後の記念日／馬主の思い
理想の厩舎を作る 106
労災0（ゼロ）を目指して／至福の時間
馬乗りのプライド 111
馬をおりるとき／強い気持ち
厩舎の血統 116
血をつなぐ／当たりはいずれ出る
口取り写真 120
ざわつく周囲／最後はレジェンドたちに
大仲の木馬 124
騎乗フォーム／乗馬と競馬

馬の仕上げ……128
○○級の馬／馬の能力
八方破れな馬……132
おいちゃんの部屋／馬でつながる
地方から中央へ……137
認定馬房／武騎手で万馬券
ひそかな内規……141
引退して乗馬へ／馬でつながる
ラジオ出演での出来事……145
反響は続く／いわずもがな
負けたけど………150
雨よ降れ／プランB
チーム小桧山……154
酒の肴／いなくてもいい存在
人を預かる覚悟……159

青森の馬産……164
自厩舎の出自／師匠と弟子の関係
文化財となった大厩舎／アポなし訪問

第3章

人の世の習い……169
金属の匠が生み出したアート……170
ユニークな作品群／パーツは語る
青い雲が流れる牧場……174
カメラマンから牧場のオーナーへ／志村けんさんとの出会い
伝説の騎手の訃報……178
10代でダービーを制す／１９５２年の椿事／夢のような時間／伝説は続く

角居氏の流儀 …… 186
放牧場にたたずむ馬／引退馬のために／引退馬で町おこし／見事な手腕

名伯楽の引退 …… 194
鳴り響いた「カズオ・フジサワ」の名／2人の儀式

生産者の矜持 …… 198
老舗牧場／馬の見方

長いつきあい …… 203
時代の寵児／嘱託のおじさん

馬産地との縁 …… 208
二十間道路のターフ／きっかけはタイテエム

吉田家の物語 …… 212
やっとできた弔問／価値ある家系図

馬力を使う …… 217
馬搬と馬耕／新しい価値

競走馬の再就職 …… 221

ドライビング／馬耕訓練
白い雪と馬の風景……225
3月の新潟／自然との共生
さよなら、ムツさん……230
スーパーマン／遺言

第4章

尾形先生の衣鉢

尾形先生の衣鉢……235
幻の写真を発見……236
平日の東京競馬場／ゆかりの神社をお参り
競馬界の巨人が遺したもの……241
企画のきっかけ／尾形一門系統図

「尾形藤吉」本の反響……245
卒業論文／衝撃の発言
聖地巡礼……249
生誕の地／人生の出発点／広大な牧場／豪華な造り
蘇る「大尾形」の事績……257
特別展始まる／系譜の広がり
ラストクロップ……261
恥ずかしい間違い／幻の重賞
言葉の重み……265
記念セレモニー／大調教師の貫禄
久々の尾形会……269
年間の総括／意志を継ぐ
終わりに……273

第1章

Note of My Horse Research

ジョッキー誕生

5年越しの口約束

草競馬で会った少年

「お世話になります」

深々と頭を下げると、一瞬視界から外れるのではないかと思うぐらい小さい。それでも瞳は希望に満ちあふれている。初めての出会いから、すでに5年が経っている。十分すぎるほどの時間を経て、厩舎実習生として目の前にいる。感慨深い。

JRA競馬学校39期生佐藤翔馬を厩舎実習で2021年8月24日から預かっている。彼に関しては、自分の方から「預からせてほしい」と学校の方に要望した。縁があったのだ。

2016年4月、静岡県牧之原市の広大な砂浜に設けられたコースにいた。日本でも数少ない砂浜競馬のイベントが開催され、ゲストで呼ばれた。イベントを主催する牧之原市商工会の会頭が自厩舎の馬主・本杉芳郎氏だったからだ。

これからレースへと臨む馬たちがいる馬房を眺めていたら、馬をひく女性に声をかけられた。馬の背には小さな男の子が乗っている。女性は、川崎競馬の元騎手で今は調教師をしている佐藤博紀師の奥さんだった。佐藤師の現役時代、川崎の交流戦で自厩舎の馬に乗ってもらっていて、奥さんも顔見知りだった。これから長男がレースに出るという。馬の背にいたのが、翔馬だった。

レースは中間種の馬たちで争われるもので、翔馬以外、騎手は大人。中には、閉鎖になった地方競馬場の元騎手もいた。草競馬とはいえ、ハイレベルのメンツだ。腕が同じなら体重が軽い子供の方が有利だが、そんなにうまくはいかないだろうと思っていた。

半信半疑でレースを見ていた。翔馬はスタートを決め、向正面で2番手、3番手。そのまま前を行く馬についていき、直線でムチを入れ、ゴール前、先頭を行く馬を差した。子供とは思えないレースぶりが強く印象に残った。

聞けば小学校6年生だという。見た目は3年生ぐらいにしか見えない。

「大きくなれよ」

半ば冗談で頭を撫でたのを今でもよく覚えている。

2ヶ月後、再び草競馬場で会った。今度は長野県の高原、標高1600メートルを超える高ボッチ競馬場だ。元騎手のお父さんも含め、一家での参戦。親子で見事なレースぶりだった。聞けば、中学を卒業したらJRA競馬学校を受験したいといっているという。当然のことだろう。

「入学できたら、厩舎実習ではうちで預かるよ」

口約束に過ぎないが、冗談というわけでもない。それでも競馬学校の壁は高いことも知っているので、「もしそうなったら」という期待値こみの言葉だった。

後世に残すもの

騎手は厩舎サークルの宝。周りにも常々そういってきた。誰にでもなれるわけではなく、特別な才能がいる。努力はもちろんだが、それだけでなれるものではない。厩舎サークルに所属するみんなの手で大事に育てていかなければならない。

第一歩は競馬学校ということになるが、彼らはあくまで「騎手候補生」であり、騎手ではない。入学から騎手免許取得までの道のりは長い。それでもこの子たちの中からスタージョッキーが出てこないと競馬界の未来はない。

2016年4月、静岡県・牧之原で佐藤翔馬を抱えてみる。軽くてびっくり。

調教師の定年70歳が近づくにつれ、自分のようなものを40年も食べさせてくれた競馬界に少しでも恩返しがしたい、という思いが強くなっていく。

ここ数年やってきたことが二つある。

ひとつはペンをとって、現役調教師として生の競馬についてファンに直接語ること。特に先輩調教師の事績に触れることを意識しながら書いてきた。

もう一つは調教師としての系譜を残すこと。2016年の青木孝文師、2019年の小手川準師、2021年の堀内岳志師と3人の調教師が自厩舎から誕生した。もちろん、本人たちの努力が一番で自分は背中をちょっと押したに過ぎないが、のちに続く新しい人材を残せたことはうれしかった。

そして騎手。2004年の高野和馬騎手以来の自厩舎所属騎手として2018年山田敬士騎手を迎えた。2020年には原優介騎手が移籍してきた。若い力が厩舎に活気を与えてくれると同時に、預かった彼らを自分に残された時間で、少しでも成長させなければならない。

ここに騎手候補生・佐藤翔馬が加わる。

これを機に、騎手がどうやって誕生し、成長していくか、競馬ファンにも知ってもらいたいと思った。

ジョッキーベイビーズが残してきたもの

出場者のその後

10月の第2週、東京開催になると楽しみにしていることがある。ジョッキーベイビーズだ。第1回から注目して見ているが、ここ数年は連載コラムを執筆するということもあって、わざわざJRAから取材証までもらって写真を撮っている。競馬カメラマンの中に現役調教師がカメラを片手に混じっているのだから、顔見知りの関係者は目を丸くして驚いている。

残念ながら2021年は2020年に引き続き中止となってしまった。すでにいくつかの地方予選を終え、10月10日の東京競馬開催日に例年通り行われる予定だったが、8月の非常事態宣言で予選ができないところがでてしまい、実施不可能となってしまった。

騎手誕生をテーマに語るにあたり、ジョッキーベイビーズのことは触れておきたい。

ジョッキベイビーズは、2009年から開かれている大会で、草競馬を含む各地の地方予選を勝ち上がってきた代表8人が東京競馬場のターフを駆ける。出場資格は現在では小4〜中1となっている。いずれも各地の乗馬クラブ、スポーツ少年団などに所属している子供たちだ。レースは直線だけの400メートル。乗り馬はJRAのポニーたちで抽選で決められる。

規模こそ大きいが、内容は全国の草競馬イベントと変わりがない。JRA主催とはいえ、競馬学校入学ともなんの関係もない。優勝したら1次試験免除ということもない。

馬は抽選だし、体重制限はないし、スタートはゲートもなくスタッフがタイミングを見て手綱を離すだけ。乗り手の技量だけが、結果に結びつくわけでは全くない。

一見、騎手誕生とは関係のなさそうなイベントだが、第11回までに参加したのべ約88人のうち、7人もの現役JRAジョッキーが混じっているのだ。特に2021年春のJRA競馬学校卒業生8人のうち、永野猛蔵、角田大和、横山流人、松本大輝の各騎手4人がジョッキーベイビーズ出場者なのだ。

88人で7人だから結構な確率だ。ちなみに騎手になった残りの3人は、第1回出場の木幡拓也、第5回出場の斎藤新、菅原明良。新人4人を含め、売り出し中の若手に出場者が多いのにも驚く。

地方予選にはJRAの職員も派遣される。JRAの力の入れようもわかる。もちろん競馬学校入学とは無関係でなんら制度化されてはいない。とはいえ、「競馬学校ジュニアチーム」「スポーツ特別入試制度」

2017年第9回ジョッキーベイビーズで岡部幸雄・元騎手から敢闘賞を渡された翔馬。

（26ページ参照）といった人材発掘の流れの中にあるようにも見える。少なくとも参加する子供たちはその気で出場しているだろう。

「将来は騎手になりたい」

ほとんどの子供たちがレース後のインタビューで答えている。

草競馬荒らし

現役JRA騎手だけではない。39期生の競馬学校生の中にもいる。うちに来ている佐藤翔馬と小野次郎厩舎で実習している小林勝太だ。第4回、第6回のジョッキーベイビーズでは2人で府中の直線400メートルを疾走している。第6回の優勝者が、角田大和騎手、翔馬が5位で勝太が6位。なかなか粒ぞろいの大会だった。

翔馬に至っては、2012年、2014年、2017年と3回も出場し、うち2回で敢闘賞だから常連といってもいい。2012年のときはわずか小2で、幼なすぎると年齢が物議を醸し、その後規定が変わった。

翔馬はジョッキーベイビーズに限らず、自分が出会ったときの牧之原の海浜競馬、長野の高ボッチ高原の大会など、各地の草競馬に参戦し、大人に混じって入賞を果たしていた。「草競馬荒らし」といった感じだが、こういった子供が草競馬で騎手になるのは、昔は珍しくなかったようだ。

寡聞にして多くの例は知らないが、ベテランの田中勝春騎手は、子供のとき、有名な草競馬の騎手で、北海道では知られた存在だった。他にも草競馬に出たことがある現役騎手はいるはずだ。

最近は草競馬大会自体が消えていく傾向にあり、ジョッキーベイビーズが馬事振興という観点からも地方の競馬文化を支える一助になっている。

自分が知っている世界でいえば、イギリスなどは週末になるとどこかで馬のイベントがあり、障害中心ながらアマチュア騎手や子供たちのための競馬が開催されていた。そういった草の根の文化の中から、プロの世界で活躍する一流騎手が生まれてきたのも事実だ。

騎手誕生の一翼を担う、ジョッキーベイビーズが今後も続いていくことを願っている。

騎手を目指す子供たち

門戸開放

１９８２年にＪＲＡ競馬学校ができるまでは、基本的に厩舎サークルはコネの世界だった。

騎手に限れば、戦前は「親戚の子に体は小さいがすばしっこいのがいる」「地元で馬乗りが上手と評判の子がいる」といった情報が競馬関係者に寄せられ、調教師のもとに連れてこられる。しばらく厩舎で見習いとして働かせ、見所があれば騎手にした。

戦後は世田谷の馬事公苑に騎手養成所ができ、長期騎手課程・短期騎手課程を修了した者だけが騎手免許を手にできるようになった。それでも門戸が広く開かれていたとはいいがたい。

今は、願書を出し、試験に受かればＪＲＡ競馬学校には入学できる。ただ騎手課程の受験資格には厳しい体重制限がある。これをクリアできなければ応募さえできない。それでもコネというボトルネックがなくなった分、以前より多くの受験者が門戸を叩くようになった。

騎手はプロのアスリートだ。野球でも、サッカーでもプロを目指すなら小さいときから訓練を重ねる必要がある。騎手の世界でも、競馬学校入学という最初の門を突破するためには、早い時期から訓練を始める方が有利だ。

競馬学校入学への道

全国には小・中学生を対象としたスポーツ少年団がある。野球、サッカーなどが一般的だが、乗馬を対象にした団体もある。ＪＲＡは馬事振興という観点から、乗馬スポーツ少年団を競馬場の乗馬センターなどで運営している。特に美浦トレセン・栗東トレセンの乗馬苑は有名で、厩舎サークル内の子弟も通う。対象は乗馬初心者の小学校５年生以上で、募集は10名程度。活動は1年間限定となる。毎年応募があるが、ＪＲＡが運営している分、費用も安く人気は高い。応募者が多い場合は抽選となっている。

ＪＲＡはあくまで馬事振興のために運営しているので、競馬学校入学とは基本的に関係がない。ただ、競馬学校の教官が指導に来ることもあるようなので、雰囲気を知るにはいいのかもしれない。県外からわざわざ引越してまで入団する家庭もあるという。当然、最終目標として競馬学校入学を目指しているのだろう。

ＪＲＡ以外にも乗馬スポーツ少年団は全国にたくさんある。中には幼稚園児でも入れる組織もある。所属している子供たちの目的はさまざまだが、この中にも騎手を目指す子供もいる。そういった子供たちのために専門コースを設けているところもある。

専門という意味ではＪＲＡにも乗馬スポーツ少年団とは別の組織がある。２００９年にできた「競馬学校ジュニアチーム」だ。こちらは「早期人材養成活動」の一環として組織されている。将来の騎手予備軍を早めに確保し、鍛えようという取り組みだ。競馬学校受験が要件になっており、体重制限も選抜試験もある。チーム活動終了後の最終選考会に合格すれば競馬学校受験の際、1次試験が免除される。対象は中学1～2年生。ＪＲＡ認定の予備校という感じだろうか。

同じく1次試験免除を得られる制度として、ＪＲＡは「スポーツ特別入試制度」も設けている。馬術の全国大会で上位8位以内に入った者、馬術以外の競技で全国大会に出場した者をその対象にしている。特に後者は、馬の世界と関係のないところから才能あるスポーツ選手を確保したいという思惑だろう。運動センス抜群なのに体が小さくて全国で優勝するようなレベルに至らなかった子たちが対象だ。

競馬学校ジュニアチームにしろ、スポーツ特別入試制度にしろ、免除されるのは1次試験まで。２次試

JRA競馬学校の厩舎前のパドック。

験については考慮されない。1次試験ではおおよそ30名ほどに絞られるが、最終合格は7〜8名といった程度。選りすぐりの30名からさらに絞られるのだから審査はより厳しくなる。

いずれにせよ、夢を抱いた子供たちが通る、競馬学校入学に至るまでの道のりは、以前に比べ多様になった。より熾烈になったともいえる。そこまで選抜を繰り返さないと、神に与えられた特別な才能は見つけられない。

プロをめざして厩舎実習

厳格な規定

競馬学校生・佐藤翔馬が来て1ヶ月たった。

学校とはまた違う緊張の連続で本人にとってはあっという間の時間だったかもしれない。今のところ、特に問題もなく順調にきている。

厩舎実習の期間は約1年。その間、行事等で短期間、競馬学校にもどることもあるが、基本的には実習先の厩舎で働く。1日、1週間、1ヶ月、1年。それぞれの単位の中で起きる、競馬に関わるすべての業務を体験することになる。

翔馬の同期、競馬学校39期生で2年に進級し、厩舎実習に向かったのは女子2人を含む7人。美浦、栗東、それぞれの厩舎へ配属された。

調教師が指導する主な項目は、騎乗技術、調教方法、飼養管理。もちろん生活指導も行う。

実習期間中は、毎日日誌を提出してもらう。こちらはそれを見て、その日1日、何をして、何が起きたのかを把握し、細かく指導する。

美浦トレセンで彼らが暮らすのは、現役の騎手たちも住むトレセン内の独身寮「若駒寮」だ。寮には寮監がいて、ここでも生活は厳しくチェックされる。厩舎で働く以外は、競馬学校での寄宿舎生活に限りなく近い処置が取られている。細かいルールもほぼ同じだ。

実習期間中、競馬学校での学科を含むカリキュラムが停止されるかといえば、そうではない。毎週1時間競馬学校から派遣された講師による座学があり、宿題も課される。毎週2時間のトレーニング指導もあり、自主トレのメニューも渡される。これらとは別に、2ヶ月に1度、競馬学校の教官が来て、実習期間中の履修状況が、チェックされる。調教師も意見等聞かれるので、厩舎での様子などを報告する。

彼らはあくまで競馬学校生であり、スタッフとは違う。厳格な規定があり、学校の目も常に光っている。

自由の罠

それでも競馬学校での生活に比べれば、はるかにゆるい。自由な空気に体も心もゆるんでしまうか、プロとしての心構えをもってゆるんだ空気をはねのけるかは、競馬学校生として伸びるか伸びないかの分かれ道なのだ。いわば馬にニンジンではないが、「自由」という餌を目の前にちらつかされ、誘惑に負けて食いついてしまうか、自律性を発揮してそれをはねのけるかを試されている。ここでの自由は「罠」といってもいいかもしれない。

騎手になってからも、この手の罠は無数にある。これにひっかかってしまうと、どんなに馬乗りが上手くても騎手は続けられない。罠をはねのけるのは、厩舎実習中の大事な訓練だと思う。

競馬学校生たちの気のゆるみは体重に出る。

騎手は馬に乗り、走らせるのが仕事だが、その前に体重管理という重要な仕事をこなさなければならない。厩舎実習では、朝起きて計り、日中、職員等第三者立ち会いのもと決まった時間に計り、寝る前に計る。1日の差は500グラム以内に収まるよう規定されている。また各人に厩舎実習中における指定体重が示されており、指定日時までに指定体重(最終的には48キロ以下)をクリアできないと、罰則規定がある。2キロを超えれば退学という厳しい処分が科される。あたり前の話だが、体重管理ができないプロの騎手はいない。

馬に乗る以上、空きっ腹はこの世界の常態だ。騎手だけでなく調教助手もそこは変わらない。体ができ

厩舎実習初日。小桧山厩舎初騎乗直前の佐藤翔馬。

てしまえば胃も小さくなるので、苦労の度合いは減るが、そのあたりは体質にもよる。

他にももっと現代的な罠がある。スマートフォンだ。

競馬学校生を預かる調教師には競馬学校から「厩舎実習の手引き」というファイルが渡される。自厩舎の山田騎手を預かった34期生のものより、翔馬たち39期生のものの方がページ数が増えている。何が違うのだろうと比べてみたら、スマホに関することが多かった。

厩舎実習中はあちこち移動することになるので、携帯は必至。携帯を持っていない生徒には競馬学校から貸与されるぐらいだ。たいていは自分のスマホを使うことになるが、入れられるアプリは規定されているし、フィリタリングをかけることも義務付けられる。使用時間・使用状況もチェックされることになっている。もちろんゲームは絶対禁止だし、SNSでの投稿・コメント、実習に関係のない写真・ビデオの撮影なども禁止されている。あくまで、競馬学校・厩舎関係者(マスコミ等は除く)との連絡、あるいは騎乗フォームのチェックや競馬に関する情報の取得にしか使えない。自分のスマホであってもそこにプライベートはないのだ。

遊び盛りの若者には厳しい試練かもしれないが、ここを耐え抜く力がないとプロのアスリートとして長く活躍することはできない。彼らの苦闘は今日も続く。

履修項目

厩舎実習中、調教師が競馬学校生に履修させなければならないチェック項目は細かく規定されている。コースでの調教の際こちらの指示通りのタイムで乗れているか、馬に負担をかけない正しいフォームが維持できているか、ゲート練習がきちんとできるか、などだ。

また競馬開催日には、競馬場に行き、装鞍、パドック、後検量、尿検査など厩舎業務を一通り経験させる。ただし、技術が未熟なために起きうる万が一の事態に対処するため、馬の扱いについては厩舎側からもスタッフをつける。レース中も各騎手の動きを観察させ、レース後に検量室でパトロールビデオを見させるなど、具体的なイメージを身につけさせる。チェック項目は多いので、こちらも油断できない。

特に、調教では少しでも多くの現役競走馬に乗せたい。競馬学校にも訓練用の馬はいるが、あくまで引退した元競走馬だ。現役とは違う。

そのために自厩舎だけでなく他の厩舎の馬にも乗れるよう、気を配っている。もちろん先方にも都合があるし、何かあれば結果的に責任を負わせることになってしまうので、誰彼構わずというわけにはいかない。幸い自分には、自厩舎のスタッフから調教師になった青木孝文師、小手川準師がいるので、そこは頼みやすい。両調教師とも快く受け入れてくれる。他にも普段から親しくしてもらっており、自分の考え方を理解してくれる根本康広師などにも頼んでいる。もちろん逆の立ち場になって、こうした厩舎から実習生の騎乗要請があれば自分も積極的に乗せる。

こういった関係は、競馬学校生が騎手になったあとも続く。少しでも早く顔を覚えてもらっておけば、騎乗チャンスも増える。ただし、それなりに「乗れる」と認めてもらわなければ、そういった関係は続かない。

挨拶の効用

乗せてもらうために必要なものは騎乗技術だけではない。かわいがられることも大切だ。その第一歩は挨拶。競馬学校でも厳しく指導はされているが、ここは外の世界。実践の場だ。

マニュアルでは、自厩舎、他厩舎にかかわらず、相手の呼称から挨拶のときの姿勢まで決まっている。「調教師、職員、寮監などは『○○先生』、厩舎関係者なら『○○さん』、騎手なら『○○先輩』、脱帽の上、姿勢を正して大きな声で元気よく」といった具合だ。

今はコロナの影響でやらせていないが、以前は厩舎業務を知るために出馬投票事務をやらせることもあった。トレセン内の事務所で行うが、そういった一般事務に従事する人たちへの挨拶も同様だった。

挨拶は騎手に限らず社会人としての基本だが、騎手の場合は下手をするとそれが騎手人生を左右しかねない。騎手は馬に乗らなければ商売にならない。乗せてもらうためには、良好な人間関係を築くことが肝要だ。いくら技術があっても馬の背にたどりつかなくては腕のふるいようがない。挨拶、それに続く相手への接し方。まずはこの世界で生きていけるかどうかの、これも分岐点になる。

「きちんと挨拶してるのに」、「礼を尽くしているのに」、自分ではそう思っても相手に通じないこともある。

小桧山厩舎のマラッカ号のゲート試験にのぞむ佐藤翔馬。馬は無事合格した。

他人から見れば、その人がどう思っているかはわからない。評価は他人がするもので、自己評価は社会に出たら「評価」にはならない。自分がどう思っているかは、他人にとっては関係がないのだ。自分はそう思う。

まして騎手は人気商売だ。見られていることへの自覚がなければ務まらない。常に他者の目を意識して行動すること。競馬学校生としても学ばなければならない必須の事項だと思う。

厳しい選抜を経て厩舎実習にこぎつける彼らは、世間からみればフィジカルエリートかもしれないが、そもそも厩舎サークル内では「あんちゃん」以下の存在だ。挨拶をきちんとして謙虚な態度で人に接するなどはあたり前。彼らを預かった調教師としては、技術や技能だけでなく、厩舎サークルに生きる者として他人ときちんとやっていけるよう指導することは重要だと思っている。そのあたりも競馬学校側は期待しているはずだ。

騎手養成の歴史

揺籃の地

２０２1年の東京オリンピックの総合馬術で4位入賞という素晴らしい結果を残した戸本一真選手はＪＲＡ競馬学校の教官だ。彼の活躍をテレビで見ながら、競技場となった馬事公苑がずいぶんときれいになっていることに驚いた。

馬術部だった学生時代、ずいぶん世話になった施設だが、２０１６年12月に一旦閉苑して東京オリンピックのために改装されていた。さらに素晴らしい施設として生まれ変わっているようだ。再開苑は２０２３年の秋に予定されている。楽しみだ。

１９８2年に千葉県・白井にＪＲＡ競馬学校ができるまで、世田谷区馬事公苑は騎手揺籃の地だった。開苑は戦前の１９４０年。そもそもが幻となってしまった戦前の東京オリンピック用の施設として建設されたが、開催返上に伴い一時中止。その後日中戦争が本格化していく中で戦力としての馬が注目され、馬事施設が必要となり建設再開となった。

当初から開苑の趣旨の中に「騎手講習会場として利用すること」の一項も入っていた。

騎手講習会では、各厩舎の見習い騎手が集められ、20日間に及ぶ講習を受けた。時の苑訓は「騎道作興」「百錬自得」「人馬一如」だった。言葉はいかにも戦中といった感じだが、内容は今の競馬学校にも通じる。平たくいえば「騎手としての精神力と技術を養い、人馬一体をめざせ」というわけだ。

1943年には騎手養成所が開設される。集められた見習い騎手たちは、朝の5時起床に始まり、夜9時半の就寝まで、騎乗技術を学ぶ、馬漬けの日々を送った。ただし、今と違うのは教官は騎兵の軍人だったこと。戦時中ということで武道修練などもあり、軍隊式の厳しい訓練が課されていた。

戦後も1947年には戦争で中断していた騎手講習会を再開。3週間程度の短期騎手講習会と1年間の長期騎手講習会の2本立てだった。

短期と長期

JRAが1954年に発足されると、騎手養成事業も移管され、馬事公苑での騎手課程は騎手講習会

戦前の騎手講習会での乗馬訓練。

の流れをくんで短期と長期に分かれた。

短期騎手課程は1年で3週間だけ、学科と実技のために馬事公苑に行き、2年で修了となる。馬事公苑での講習はトータルで6週間。厩舎に所属しながら講習を受ける。厩舎が主体となるので現役競走馬に乗れるため、実戦的な騎乗技術を身につけられる反面、教える人間のクセが出たり、基礎ができていなくて技術的に伸び悩んだりといった短所もあった。短期課程からの騎手合格率は長期課程と比べると非常に低かったとのことだ。

長期騎手課程は2年間。最初の1年、全寮制で騎乗技術を学び、残り1年が厩舎実習となる。対象は選抜試験を受けてきた子供たちだ。今の競馬学校はこの課程の延長線上にあるといってもよい。

馬事公苑で騎手養成課程を受けてきた元騎手たちに話を聞くと、短期課程と長期課程の生徒はお互いに強く意識していたそうだ。数からいえば長期課程の生徒数が多かったせいもあろうが、短期課程の生徒が抱く長期課程の生徒へのライバル心には並々ならぬものがあったという。

長期にしろ短期にしろ、馬事公苑での騎手養成には限界もあった。

そもそもが馬事振興という枠組みの中で作られた施設なので、乗馬用がメインで、騎手の騎乗技術向上には適さない。馬の質や頭数も足りていなかった。住宅街の一角にあること、渋谷など繁華街が近いことなどもプラスには働かない。

こういった諸問題を一気に解決するために1982年に作られたのがJRA競馬学校だった。充実した施設、100頭を超える馬、千葉県・白井という郊外の環境、など、馬事公苑にない条件がそろっていた。

馬事公苑で学んだ最後の世代も、2018年木幡初広元騎手が引退して現役では誰もいなくなった。それでも現在・競馬学校で教官を務める坂本勝美氏がいる。馬事公苑の精神は今も競馬学校生に伝わっていることだろう。

狭き門より

特異な応募資格

競馬学校生・佐藤翔馬が来て約3ヶ月。少しずつ厩舎実習の生活にも慣れてきたようだ。自厩舎以外に積極的に他の厩舎にも行かせている。行けば1週間程度は面倒をみてもらうことになる。各先生方には余計な負担をかけてしまい、恐縮至極だが、幸い快く受け入れてもらっている。国枝厩舎、藤沢厩舎といったリーディングを争うような厩舎にも行かせた。翔馬も今のところ大過なく過ごせているようだ。厩舎実習中の競馬学校生としての勉強の日々はまだまだ続く。

10月22日、JRA競馬学校から騎手課程第41期生の入学試験合格者9名の氏名が発表された。ここ数年の傾向の通り、女性2名を含んでいる。まずは狭き門をくぐり抜けてきたわけだが、ここからプロ騎手までの道のりは遠い。なんとかこの世界までたどり着いてほしい。

JRA競馬学校の入学試験はどんな手順で行われるのだろうか？

スケジュールとしては、5～7月に願書受付、8月に1次試験、9月末から10月にかけて2次試験、2次試験の約3週間後に合格発表という段取りだ。応募資格は、入学する年の4月1日時点で15歳以上20歳未満となっている。中学卒業が一応のラインだが、高校生や専門学校生でも20歳になっていなければ受験はできる。ただし遅くなればなるほど、骨格なども固まっていき、当然合格率は落ちていく。

一般の専門学校などの応募資格と比べて特異な点は、体重に制限がある点だ。それも出生日ごとに決められている。1次試験、2次試験とも受験当日、規定の体重をオーバーすれば、その時点で不合格となる。

その他、視力についての規定もある。メガネやコンタクトといった矯正具をつけられない、騎手という職業にとっては、視力の維持は絶対条件のひとつだ。

1次試験は身体検査・学科・運動能力検査・面接などとなっている。学科は国語と社会で中学卒業程度となっているので、それなりに試験対策をしておけば大丈夫そうだ。問題は運動能力検査だろう。具体的な検査方法は年によって違うとのこと。合格基準などは明確にしていない。

41期生の場合、1次試験を受けた者が156名で2次試験に進んだ者が34名と、突破率は20％程度。プロのアスリートを目指そうというのだから当たり前のことだが、運動神経がよくなければ話にならない。

2020年4月、騎手課程第39期生入学式（校門前で記念撮影）。左から2番目が翔馬。

騎手の適性

2次試験へと進んだ者は白井の競馬学校に集められ、4泊5日の合宿形式で試験を受ける。主な内容は身体検査、運動能力検査（1次とは異なる内容）、面接（保護者面接もある）といったところだが、1次と大きく異なる点は騎乗実技についての適性検査がある点だろう。応募資格には「乗馬経験の有無は問わない」とわざわざ一項入っているだけに、たとえそれまで馬に乗ったことがなかったとしてもいきなり馬には乗せてしまう。未経験者に対しては未経験であることを前提にして検査をするようだ。騎乗技術ではなく、あくまで素質の有無を見るという趣旨なのだろう。

それでも「そんなことで適性がわかるものだろうか」と、一般の人は思うかもしれない。わかるのである。厩舎サークルにいて日常的に騎乗者を見ている者なら、乗ったことがあろうがなかろうが、馬上で自然にバランスが取れている、鞍はまりがいい(騎座が安定している)などといった感じは自然と伝わってくる。まして試験官なら適性の有無は一目瞭然だろう。

競馬学校の合否にコネは関係ない。親が騎手であろうが、調教師であろうが、受かる子は受かるし、落ちる子は落ちる。

ただ、厩で育った子は、普通の子にはない、ｓｏｍｅｔｈｉｎｇ(何か)をもっていることが多い。触ればすぐに馬がなつき、騎乗すれば自然と馬が動いてしまう。自分のように大学馬術部に籍を置き、育成場で働いて何年もかけて身につけたものを、彼らがいとも簡単に披露するのを何度もこの目で見た。腹が立つぐらい自然にこなしてしまう。この辺りは肌感覚で説明が難しいのだが、馬に関する限り、よくあることのように思える。

結果的に「騎手の子は騎手に」というケースが多くなる、というわけだ。それでも、厩の外で育ちながら、もって生まれた騎手としての資質をもつ者もいるだろう。乗馬未経験者ながら一流ジョッキーとして活躍している者も少なくない。まずは狭き門より入った者が、神から与えられし才能を開花させることを期待したい。

学びに無駄はない

管理された日々

「おはようございます」

早朝、元気のよい翔馬の声が厩舎に響く。朝の挨拶も板についてきて、すっかりスタッフの一員といった雰囲気になってきた。今のところ、挨拶も含め、万事にソツがない印象だ。比較的厩舎に慣れるのも早かった。川崎競馬の騎手（佐藤博紀・現調教師）の家庭で育ったせいか、厩（うまや）の生活をよく知っている。スタッフや関係者への挨拶の重要性も理解しているようだ。やはり厩の子だ。とはいえ、厩舎実習中の競馬学校生。覚えなければならないことはまだまだたくさんある。

見ていて他の子より有利だろうな、と思うのは体重だ。ともかく小さい。中学時は体重が軽すぎて、競馬学校入学があやぶまれたぐらいだ。ただ馬を御すにはそれなりに力がいる。むしろもう少し重くなってもいいので、少しでも筋肉をつけた方がいいように思う。

たいていの競馬学校生は在校中、体重管理で苦労する。管理された日々を送るのは今の子には辛いだろうが、野球やサッカーなどの全寮制のスポーツ名門校に入学したと思えば、さして変わりはない。厳しい訓練や勉強の日々以上に、食べ盛りのときに食べたいものが食べられないのは相当苦しいだろうと思う。

今、実習で厩舎に来ている子たちは競馬学校でどんな日々を送ってきたのだろうか?

起床は朝5時半(夏季は4時)。朝一の仕事は検量。結果をグラフに記入し、体重の増減をチェックする。検量が終わると、厩舎作業開始。各自2頭を担当し、馬房の清掃、飼い葉付け(馬への給餌)等を行う。1時間程度で作業を終え、点呼ののちに朝食。管理栄養士による十分吟味されたメニューは、量としては少なく、たちどころに終わるとのこと。

8時から馬の手入れが始まり、馬装、ウォーミングアップ後に馬場に入り、実技訓練の時間となる。1年時は基本的な乗馬訓練も行うが、2年時(厩舎実習前)には騎手としての騎乗訓練が中心となる。正しい騎乗姿勢、馬をコントロールする技術、速度の感覚を取得することが主な目的だ。

昼前には訓練が終わり、クーリングダウンの後、馬装をといて馬を馬房に戻す。手入れが終わると昼食。昼食後は学科の授業を受ける。授業終了後は再び厩舎作業となり、午後の飼い葉付けなどを行う。その後、夕食。夕食後は自由時間となる。「自由」といってもその時間は自主トレーニングや座学の復習などにあて

JRA競馬学校の一室に飾られた卒業生の美術作品。

るようだ。さらに入浴、道具の手入れ、洗濯等々そうそう休める時間があるわけではない。就寝は夜10時（夏季は9時）。こうして1日が終わる。

馬に乗るために

すべての施設が見られるわけではないが、一般の人が競馬学校を見学できるチャンスとして、例年10月頃に騎手課程生徒の模擬レースを一般公開するイベントがある。その日は展示室も開放されており、絵画や彫像など卒業生の美術製作物を見ることもでき、人気のエリアとなる。

以前、彼らの製作物を見たことがある。もちろん、馬がテーマなのだが、なかなかよくできている。1日に10時間以上、馬と接しているのだから、自ずと形やバランスなどは頭に入っているのだろう。また、卒業後の彼らの活躍を思い出しながら見ると、そこには個性も感じられる。馬を表現するときの各人の視点が反映されているようでおもしろい。

競馬学校での学科は馬学や競馬法規などの専門科目のほか、国語、数学、社会などの一般科目、美術や茶道の時間まである。専門科目はともかく、一般科目が馬乗りになんの役に立つのか、と思われそうだが、自分はそれなりに意義があると思う。

厩舎サークル内に身を置くとしても、サークル外の人と話す機会はたくさんある。マスコミはもちろんだが、馬主やその関係者と話すこともあるだろう。一般的な社会常識がないと彼らの信用を得られない。会話を通して、その辺りのことは見られている。芸術的な感性を磨くのも決して悪いことではない。美術は馬を見るときの観察眼につながるし、茶道などは落ち着いた所作や態度にもつながる。

騎手は技術を発揮する前に馬に乗せてもらわなければ話にならない。乗せてくれるかどうかは、馬主をはじめとする人間の判断であり、判断の基礎はまず信用だと思う。学校で習う科目はそこにもつながっている。

試験を乗り越えて

進級のために

「なんだこりゃ」

　厩舎実習に来ている競馬学校生・佐藤翔馬から提出された日誌を見て思わず声が出た。日誌の中に「夕食」の欄がある。厳しい体重制限が課されている彼らには、食事の内容を報告する義務もある。その日、翔馬の夕食欄にあった文字は「ステーキ」。体重管理のことを考えると危険な食事だが、翔馬の場合その点は問題ない。先日も「1キロ増えました」というから体重の欄を見たら「41キロ」とある。もう少し筋肉をつけて、重くなってもいい。その点ではタンパク質を摂るのも悪くない。ただ、生徒のうちから贅沢するのはいかがなものか。

　よくよく聞いてみれば、自厩舎の先輩スタッフに競馬帰りに某全国チェーンの「＊＊＊ステーキ」に連れて行ってもらったとのことだった。その程度なら問題ないと判断。まあ、かわいがれている証拠ということでOKとした。

競馬学校では食事制限に限らず、厳しい日常生活と訓練の先に、学科・実技の進級試験がある。普通の学校ならよほどのことがない限り、進級させることが話の前提になるが、競馬学校は違う。明確にその時点に求められる技量がある。そこに達していなければ、容赦無く落とされ、留年または退校となる。

実技の進級試験では居並ぶ教官の前で障害・走路と騎乗する。騎乗姿勢や馬のコントロールなど、何項目にもわたり厳しくチェックされる。

1年生から2年生への進級試験は、実質的に厩舎実習に出られるかどうかの試験ともなる。試験に通れば、現役競走馬に乗り、先輩騎手やスタッフに混じって、トレセンで調教をつけるわけだから、最低限の技量は必要となる。厳しいチェックも当然だ。

走路を使った実技試験では具体的な指示が出される。

「2ハロンを27秒で駆け、最後の直線でいっぱいに追い、ゴール板手前で鞭を持ち替える」

といった具合だ。

生徒ひとりひとりが教官の合図でコースに入る。タイムは機器を使って正確に割り出される。0・5秒も違えばもちろん大減点だ。

競馬学校で騎乗訓練中の翔馬。

ただ、厩舎実習中は同じように指示が出て、日常的にこなしているタイムでもあるので、できて当たり前、という気もする。1年後に騎手になる身なら、この程度の体内時計をもっていてほしい。

合格率はほぼ100%

進級試験に合格し、3年生へと進級すれば、再び厩舎実習に戻る。さらに半年近く厩舎で学んだのち、8月には帰校して卒業までの数ヶ月、最後の仕上げを競馬学校で行う。

一般公開となる模擬レースのイベントは、この最後の仕上げの時期、10月に行われる。模擬レースでは、同級生はもとより、卒業生つまり現役の先輩騎手も参加する。一般の見学者には、馬券がわりの投票カードが配られ、当たればプレゼントがもらえる仕組みだ。まさに本番のシステムに則って競馬が行われる。

この時期には、東京で10月、中山で12月、実際の競馬場での模擬レースもある。パドックから地下馬道を通ってコースへ。レースではアナウンサーによる実況もある。観客こそいないものの、本番さながらのスケジュールで進行する。

こういった行事が終わると、最大の関門、卒業試験となる。結局のところ、騎手になれるかなれないかは競馬学校を卒業できるかどうかにかかっている。

JRAが行う騎手免許試験は1月末に行われるが、対象は①競馬学校騎手課程生徒(同年2月卒業見込みの者)、②地方競馬全国協会(NAR)の騎手免許を受けている者、③①及び②以外の者となっている。②と③の対象者には騎乗技術試験があるが、①にはない。学力および技術に関する口頭試験、身体検査、人物考査のみだ。①の場合「騎手課程卒業見込みの者」というのがポイント。生徒は卒業できなければ騎手免許試験の受験資格を失う。競馬学校生の合格率は現行制度ではほぼ100%ということなので、受験さえできれば、つまり卒業さえできれば、騎手免許は取得できる。厩舎実習までこぎつけた競馬学校生も、進級試験、卒業試験とまだまだ関門が待っている。日々精進して、乗り越えてもらいたい。

免許取得後の新人騎手

うれしいニュース

２０２１年11月24日、うれしいニュースが届いた。暮れに行われるヤングジョッキーシリーズ（ＹＪＳ）ファイナルラウンドに厩舎所属の山田敬士騎手と原優介騎手がそろって出場できることになったのだ。

山田騎手はポイントで上位につけていたので大丈夫と思っていたが、原騎手は滑りこみ。最終戦となる浦和競馬で行われたトライアル第２戦で２着に入ったのが効いた。

最終的には東日本２位が山田騎手、４位が原騎手となり、ファイナルラウンド進出上位４名に入った。ファイナルラウンドでは大いに腕をふるってもらいたいものだ。12月28日中山でのレースには厩舎実習に来ている競馬学校２年生・佐藤翔馬にも２人の奮闘ぶりを見せる。地方競馬も含めた若手騎手たちの争いは刺激になるはずだ。

競馬学校生は、３年となり卒業資格を取得して騎手免許試験を突破すれば、免許が交付され、晴れて

ＪＲＡ騎手となる。例年は2月中旬にその日が来る。通常なら3月第1週の中山・阪神・小倉でデビューとなるわけだが、実は日にちによってそれ以前にデビューすることもできるのだ。地方競馬での交流戦でのデビューだ。

2月中旬に免許は交付されるが、効力を発揮するのは3月1日から。3月1日以降でないと実際には乗れない。しかし、3月1日からその週の週末までの平日に地方競馬の中央交流戦があれば、そこに乗ることは可能なのだ。もちろん、肩慣らしなどではなく、地方だろうが、中央だろうが、1鞍は1鞍だし、勝てば1勝は1勝。どこで乗るかよりも、まずは1日でも早くデビューすることを優先する選択肢もある。

２０１６年3月3日、根本厩舎所属の藤田菜七子騎手は南関東・川崎競馬場でデビューした。話題の女性新人騎手のデビューということで、通常の2倍、７０００人以上の人が川崎につめかけた。自分も親しい根本厩舎からの新人デビューだし、顔を出した。

他のマスコミが取材規制で入れないところまで調教師の特権で入らせてもらい、写真を撮った。

顔見知りの競馬記者からは「ずるい」と文句をいわれた。撮った写真はデビューの記念ということで本人にも渡した。

2016年3月、藤田菜七子騎手は川崎競馬場でデビュー。

初勝利の味

デビューした新人騎手の次のポイントは初勝利がいつかだ。

しかしこれは千差万別。本人の技量はもちろんだが、所属になった厩舎によるところも大きい。有力馬を何頭も抱えるような厩舎ならデビュー時に有力な馬を用意することも可能だ。デビューした最初の1頭で初勝利をあげる新人もいる。反対に、なかなか勝ちに恵まれず、初勝利まで何ヶ月もかかる騎手もいる。同期が勝ち星をあげていく中、初勝利できない新人騎手は焦ることだろう。

預かった調教師の側もじりじりした日々を送ることになる。それなりの馬を用意してなんとか早く1勝させたいという親心はあるものの、なかなかうまくいかない場合も多い。もちろん自厩舎だけでなく、ほかの厩舎の馬も乗るわけだが、勝てない日が続くことも。

新人騎手がデビューする頃、調教師が集まると「俺は○○の初勝利をもっている」という話題によくなる。他厩舎所属の新人騎手でも、自厩舎の馬で初勝利させることは、調教師にとってちょっとした自慢なのだ。弟子でもないのに「俺が最初に勝たせた」というわけだ。もちろん本気でそう思っているわけではなく、調教師間のジョークの一つだが、最初の1勝を足がかりに騎手の世界で大きく羽ばたいていってほしい、という気持ちは、みんな一緒だ。

新人騎手としてデビューし、まずは初勝利。そこからプロとしての本当の戦いが始まる。彼らはプロの騎手であっても、まだまだ減量特典のある見習騎手であり、厩舎サークルの中では「あんちゃん」に過ぎない。その中でどれだけ成績が残せるか、光るものを示せるか。あとは本人の努力次第だ。とはいえ、バックアップも必要。所属厩舎の調教師は弟子の成長を促すための支援は惜しまない。時に馬主や他の調教師に頭を下げ、時に本人に厳しい言葉を投げかける。減量という特典が効いているうちにプロとしての技量を身につけなければならない。数字上は順調に成績があがっても油断はできない。

ＹＪＳに出場する若手騎手は、まだまだ成長の渦中にいる。自厩舎の山田騎手と原騎手が、その争いの中で何を感じ、つかみ取ってくるか。また彼らの戦いを目の前で見る競馬学校生・佐藤翔馬が何を思うか。

自分としてはともかく楽しみだ。

ヤングジョッキーシリーズで起きたこと

瞬時の判断

２０２１年12月末。27日大井、28日中山各２レース、計４レースで争われた２０２１年度ヤングジョッキーシリーズファイナルラウンドは、優勝・佐賀の飛田愛斗騎手、準優勝・ＪＲＡの菅原明良騎手といった結果に終わった。自厩舎の山田騎手は９、10、２、６着で６位、原騎手は、４、６、４、16着で８位。成績からすればまずまずといったところだが、結果以上に考えなければならない事態が起きた。大井で行われた第２戦の落馬事故である。

ダート１８００メートルで行われたこの１戦。３コーナーで、北海道の若杉朝飛騎手、金沢の兼子千央騎手、高知の岡遼太郎騎手と３人もの騎手が落馬負傷した。落馬の原因となったのは、自厩舎の原騎手である。

所属厩舎の調教師として、謝罪するほかない。特に、地方での厳しい予選を勝ち抜き、「いよいよ中央・中山」

というところまで駒を進めた若手騎手の無念を思うと、誠に申し訳ない。

3コーナーで斜行した原騎手の騎乗が結果的に強引だった。目の前の隙間を狙った瞬時の判断が甘かったといえばそれに尽きる。弁解の余地はない。本人ともども猛省したい。

翌日、けがをした騎手の調教師の方々へ丁重にお詫びの連絡を入れた。「競馬だからしょうがない」との先生もいってくれた。恐縮至極としかいいようがない。当の原騎手も開催終了後すぐに謝罪とお見舞いのため病院に行こうとしたが、コロナ禍で関係者以外、中に入れなかった。

今後、自分にできることといえば、怪我をした騎手諸君が中央で乗るような機会があるときに騎乗馬を確保することぐらいだ。その点は各先生にもお話しした。大したケアにはならないが、一日も早い復帰を願っている。

微妙な「間」

競馬である以上、事故の確率は0ではないが、限りなく0に近づけるよう、各騎手はフェアプレーを心がけ、関係者も努力している。若手といえど、厳しい関門をくぐり抜け、騎手として馬上にある若者たちにも確かな騎乗技術がある。その上で、この事故が起きた背景には普段から知っている者とそうでない者が一緒に騎乗する、ある意味特殊な事情が背景としてあるのではないかと思う。

今回と同じ隙間が中央のレースでできたとして、原騎手は結果的に斜行してまでそこを狙っただだろうか？　ふだんから一緒に乗っている騎手であれば、どう動くか予測がつく。自ずと判断に差はあるはずだ。前をいくのが先輩の一流ジョッキーなら、容易には動けない。その先の展開を読み、開くのを待つか、外を回すか、瞬時の「間」をおいて判断するだろう。

今回のように知らないもの同士が混ざってレースをする場合、その微妙な「間」がなかったのではないかと推測する。「間」といっても数十分の一、数百分の一秒の話だ。とっさの判断であることに変わりはない。

隙間が生まれそうなら狙っていくのは騎手の本能だ。それができなければ勝利はおぼつかない。ただ、それが勝利への道なのか、事故を招くような危険な道なのか、毎回正しく判断しなければならない。騎手という職業を長く続けようと思うなら、必須の技術だろう。その判断を誤れば、自分の身も、周りの身も危険にさらす。馬に起因する事故を除く、レース中の人為的な事故を防ぐのは騎手にしかできない。

今回に関していえば全ては未熟な技術がもたらしたものだが、別の観点からこんな解釈もできるのではないか、と思った。弁解がましく聞こえるかもしれないが、もちろんそういう意図はない。

先輩たちの奮闘ぶりと、起こしてしまった事故については、その一部始終を厩舎実習に来ている競馬学校生・佐藤翔馬は見た。事故後の原騎手の落ちこんだ様子も目の当たりにした。結果的に他の厩舎ではできない貴重な経験となったはずだ。自分がこれから進もうとする道は、こういう道であることをあらためて自覚したことだろう。

競馬学校での第1レース

緊張の面持ち

2022年9月中旬、久しぶりに白井にある競馬学校を訪れた。目的は競馬学校第39期生による模擬レースを見ることだ。約1年に及ぶ厩舎実習を終えた彼らは、学校に戻り、卒業試験に備え、最後の授業に臨む。中でも模擬レースは最大の課題といってもいい。競馬学校はもちろん、中山、東京での実際のコースを使ったものを含み、計8回行われる。学校で、厩舎で、学んできたさまざまな技術がチェックされ、騎手という職業に就くために必要な準備ができているかどうか、試される。今日はその最初のレースとなる。

厩舎前のパドックを周る6人の顔つきを見ていると、厩舎実習前の幼さが抜け、引き締まって見える。見た目だけならすでに厩舎サークルの人間らしい雰囲気が出ている。そうはいっても今日は初めてのレースだ。パドックからコースへ。返し馬ののち、ゲート前の輪乗りからゲートに入る。スタートしてゴールまで馬を駆る。ゴール後は再び厩舎前に戻る。観客がわりに家族を含む関係者も見守っている。すべては本番と変わらない。どの顔にも緊張の色が見て取れる。その中に自厩舎で実習していた佐藤翔馬もいる。

パドックを周回する彼らの中に、遠目ではあるが、やけに鞍はまりのいい子を見つけた。

「うまそうなのがいるなあ」

驚いて近づいてみると、元騎手の教官だった。自分の勘違いに思わず苦笑する。

レースは8頭立て。教官2人を含む。コースはダート1000メートル。初回はこのコースと距離だが、計8回のレースではさまざまな条件で走る。馬は競馬学校の馬たち。乗り慣れているとはいえ、レースでのシチュエーションとなればまた話は別だろう。

コースに出てきた8頭はゲート前の輪乗りに入る。馬をひいているのも競馬学校の生徒たちだ。見ていると、動きがぎこちない。

ゲートに入る。暴れる馬はいない。案外みんなきちんと駐立できている。一斉にスタート。多少ばらつきはあっても、思ったよりみんなよく出た、という印象だ。それぞれが位置を取る。先頭を行く2頭はいずれも教官の乗る馬。当たり前のことだが、スタートの出が生徒たちとはちがう。

1番の翔馬もスタートよく飛び出し、4番手の位置につけている。もっとものちに聞くと、自分が狙っていたポジションではなかったそうだ。結果的には取らされた4番手だったとのこと。

４コーナーを回って、各馬が直線を向く。外へ出すときに若干膨れ気味の子もいたが目立つほどではない。スタートで外の３番手という絶好位につけ、直線でもよく伸びた７番の小林美駒が１着でゴール。２着に直線で追い込んできた５番の石田拓郎、３、４着は教官、５着に４番の小林勝太、６着に６番の田口貫太という結果だった。翔馬は７着だった。

本番はここから

引き上げてきた各人は馬から降りて、レースのビデオを見ながら関係者からの講評に臨む。実は模擬レースはここからが本番なのだ。実戦の中で、現状の各自の技術が現れる。問題となるシーンがあれば指摘される。

最初は元裁決委員のＪＲＡ職員の話。ビデオを見ながら、「このケースでは馬がこう寄っているが、これだと審議の対象にならないが、こうだとなる」といったような内容だった。次は元スターターから。スタート前の集まり方、ゲートへの入れ方についていろいろ話があった。その後に生徒を預かった調教師たちの話が続く。自分は電話がかかってきてしまい、ちょっと中座。

白井の競馬学校で行われた模擬レース。39期生最初のレースとなる。

もどってくると、「せっかくだから現役の騎手にも話をしてもらおう」という流れになっていた。

実は1着の小林美駒さんが実習していた鈴木伸尋厩舎所属の横山武史騎手が来ていたのだ。現役のジョッキー、しかもリーディングを争うトップ中のトップの目にこのレースがどう見えたのか、自分も興味があった。前に進み出た同騎手を緊張の面持ちで見つめる生徒たち。何が語られたのか？

詳細な解説

「初めてのレースとしたら、自分たちのときよりよかったように思う」

横山武騎手の話が始まる。競馬学校での最初の模擬レースを終えた第39期生の視線が集まる。

だが褒められたのは最初だけだった。

まずは、スタートまで。一つ一つのシーンをビデオを見ながら講評する。レース前の集合、枠入れの方法、入れてからの馬の立たせ方、スタートの仕方、微に入り細に入り何度も生徒たちに語りかける。

スタート時、教官の乗った馬がわずかにつまずいた。すぐさま立て直して見た目には何の支障もなかった。

「重心の位置が適切だったから立て直せた。例えば、出す気になって重心が前にあったら今のシーンだと落ちている」

同じくスタート時の解説でひとりの生徒のシーンを見ながら話す。

「この子のスタート、うまくいったからよかったけど、こういうスタートだとつまずいたら落ちるぞ」

そんな解説のあと、つまずいて放り出されることがないよう、サドルについたストラップをどう持つかという話題になった。両手なのか、片手なのか、手綱との関係はどうするのか。このあたりは企業秘密だと思うのだが、惜しげも無く披露していく。

次に3コーナーから4コーナー、一斉に内ラチを回るシーン。こういう小回りのとき、内ラチのギリギリを回れば、遠心力で必ず振られる。まして初めてのレースだと普段の練習時よりはるかに強い力がかかるはずだ。ここでも横山武騎手から話が出た。

「経験したことのない遠心力だったと思う。しっかり心に刻んでおくように。また4コーナーを外側で回るときに大きな扶助で回るとふくれるだけなので、小さな扶助で回るように」

では具体的に小さな扶助で回るにはどうすべきか。さらに細かい説明が加えられた。

「この子のようにこういうタイミングで扶助を出せばこう振られるけど、振られる前にちょっと我慢すれば、この位置で回ることができたんだぞ」

ビデオの画面を指差しながらアドバイスする。

「内ラチとの距離の取り方も2歳馬と古馬では違う。あの子のような乗り方だと内ラチに突っ込まれてもしょうがないと思うよ」

口調はやわらかく、指摘は具体的でわかりやすいが、中身は非常に濃い。

都合20分に及ぶ講評は、自分が聞いていても最高におもしろかった。何度も模擬レース後の講評に立ち会っているが、ここまで見事な解説は今までなかった。

企業秘密に属する話が多かったようにも思うが、そこには躊躇もてらいもなかった。ライバルなら秘密にもしようが、トップジョッキーと競馬学校生では天と地ほど技量差がある。隠さなければならないほどのレベルには、生徒たちは到底達していない。

どこまでいってもこれから免許を取得しようというアマチュアなのだ。プロになればトップジョッキーが他の騎手にこんな話をすることはありえない。それゆえに、今日の横山武騎手の話はどれだけ貴重で価値があるか計り知れない。

話の価値

最後の締めに自分が話すことになった。

「模擬レースはミスができるレースだ。なめていいという意味ではないが、今のうちにミスしておけば、そのぶん経験値が積める。プロになればミスしていいレースなんて一つもないんだから」

まずはいわせてもらった。今のうちは失敗を恐れずのびのび臨んでほしい。負ければ悔しいだろうが、本当の勝負はまだまだ先だ。結果以上に大事なものがある。

「現役のトップジョッキーがこうやって解説してくれたことの価値を理解してほしい。今はいわれたことの意味が一言一句すべてわかるわけではないだろう。それでも今日いわれた話を自分の中で整理して記憶にとどめておいたら、『あのとき横山さんがいったことはこういうことだったんだ』とわかる日が必ず来る」

横山武騎手の後なので話は手短にまとめた。いろいろな意味で競馬学校生にとって中身のある第1レースだったと思う。

横山武騎手の話に感動したあまり、帰宅後に、普段から親しい、父の典弘騎手に電話した。

「いや〜、武史の話、最高によかったよ。ノリ、どうやってあんな子に育てたんだ？」

「ああ、あれは女房が育てました」

思わず電話口で吹き出した。妙なオチがついてしまった。

プロへの道のり

調教師カメラマン

２０２２年10月21日。金曜日の東京競馬場は週末の喧騒からほど遠く静かだった。関係者が見守る中、装鞍所では馬装を終えた各馬が引き運動を始めている。

自分の姿を見つけた競馬学校39期生・佐藤翔馬が駆け寄ってくる。

「お疲れ様です」

「なんだ、また7番か」

思わず口をついた。

今日は初の東京競馬場での騎乗となる。模擬レースも4回目。レースそのものはいくらか慣れたかもしれないが、過去3回はいずれも白井の競馬学校内でのコースだった。競馬場のコースは違う。ましてや今日は装鞍所からパドック、コースへ出て返し馬、ゲート前へとすべてが本番と同じだ。場内アナウンスも入る。

観客がいない以外は週末のレースと変わらない。

翔馬は過去3回いずれも6着以下。まだ勝利はない。模擬レースに勝ち負けは関係ないとはいえ、忸怩たる思いもあるようだ。結果はどうあれ、過去3回は大事に乗ろうという思いが強すぎるのか積極性が少し欠けていたようにも思う。今日はその辺りが変わってくれればいい。

「この間はありがとうございました」

声をかけてきたのは同じく39期生の小林美駒。先日、模擬レースでの騎乗姿の写真をプレゼントしていた。翔馬も小林美駒も今日の騎乗が楽しみだったと語る。顔を見ると、案外、緊張している感じもない。不安より、本当のコースで乗れる喜びの方が大きそうだ。

各馬、地下道からパドックへ向かう。39期生と関係者もついていく。パドックについたのち、39期生6人に加え、レースに参加する石川裕紀人騎手、菅原明良騎手の現役騎手2人と教官1人に記念撮影のために並んでもらった。

「裕紀人と明良は、そこに入れ」

カメラを構えながら指示した。マスコミのカメラマンもいるが、もちろん彼らにそんなことはいえるはずもない。ここは調教師兼カメラマンの自分の出番だ。

現場には厩舎実習で39期生を預かった調教師たちも来ていた。彼らは背広姿かあるいは一目でそれとわかる格好だが、自分は撮影する関係上ジャンパー姿。知らなければ、変なカメラマンが偉そうに騎手たちに指示しているようにしか見えなかったろう。

結果より大事なこと

ゲートが開く。まあまあ揃った飛び出しだ。大きくよれた馬はいない。

レースはダート1400メートル。各馬とも一団で第3コーナーへと向かう。やがて隊列がバラける。翔馬は先頭集団の後ろにつけている。位置取りは悪くない。勝負所でしっかり仕掛けていけるかどうか。

4コーナーから直線に入る。この時点で4番手。内に潜りこんで仕掛けようとしている。判断としては悪くはない。しかし、思いの外、馬が伸びない。先頭をいく3頭に徐々に離され、結局6番手でフィニッシュ。

またも勝利はならなかった。勝ったのは小林美駒の8番。これで2勝。

全馬無事完走だったが、タイムを見て驚いた。走破時計は1分27秒台で通常の未勝利クラスの時計と変わりない。まだライセンス取得前の学校生たちが出したタイムとしては優秀だ。

JRA競馬学校39期生模擬レース（ダート1400m）に参加した騎乗者たち。

レース後は検量室前の仕切りに着順通りに入り下馬。その後、レース参加者、調教師など関係者はビデオ室に入る。いつものように講評が行われる。

石川裕紀人騎手から返し馬に関して学校生にいくつか注意があった。パドックからコースへ、そして返し馬へと、競馬場のそれはやはり競馬学校とはちがう。いろいろと違いを指摘されていた。

今日も横山武史騎手が来ていた。前と同じように、ビデオを見ながら後輩たちひとりひとりに細かい解説とアドバイスを送る。翔馬にも悪くない評価が下された。自分が見ても、結果には結びつかなかったが、明らかに前回より積極的に乗っていた点は評価されていいと思う。

帰りがけ、家族見学に来ていた元騎手で川崎の調教師、佐藤翔馬の父・佐藤博紀師に会った。積極的な騎乗というより、他馬を邪魔したように見えた、とのこと。意外に辛口の評価だった。親の目というより、乗り役の目で見るとそう見えるのかもしれない。

模擬レースはまだまだ続く。東京の芝コース、中山のダートと芝、競馬場でのレースに続き、年が明ければいよいよ競馬学校での卒業試験での騎乗となる。プロ騎手への最終関門が迫っている。

騎手のワザ

1着でゴール

「よし！」

声には出さないが、心の中で思う。佐藤翔馬が内をついて伸びてきた。そのまま東京競馬場の長い直線を制した。５回目のレースでやっと1着。過去４回はいずれも結果が出せなかったのでひと安心というところだろう。競馬学校39期生模擬レース東京競馬場芝１６００メートルでのことである。

結果こそ出なかったものの、過去４回はそれなりに乗っていたし、その都度課題をもっての騎乗だったので師匠の目としてはあまり気にしてもいなかった。むしろ模擬レースではいろいろ失敗し、次に反省を生かすことが大事。本番は先なのだ。

それにしても今回は内を冷静に突く競馬でレースとしては快心の勝利だろう。若干うまくいきすぎた感もあるが、舞い上がるタイプでもないのでそこは大丈夫だろう。スタートなどまだまだ課題もあるのでうまくいかなかったところを考えて次に生かしてほしい。

レースは各人の頭につけたカメラで撮影され、あとで細かく分析される。前から後ろを映した映像もある。今回参戦した現役の斎藤新騎手には後ろ向きにカメラがつけられていた。斎藤騎手は先頭を逃げていたのでレース中の各人の細かい動きをそのカメラは前から捉える。様々な角度から撮られた映像は、そのレースがどんな内容を含んでいたのかをこと細かく物語るはずだ。

実は模擬レースでの自分の楽しみは、生徒たちのレースぶり以上に終わってからの反省会にある。生徒たちのレースは先輩騎手たちの目にどう映ったのか？　あらためてそこが聞けるのが興味深い。開催中のふだんの検量室でも騎手たちの間ではさまざまな会話がなされているが、技術的な細かい話などは、自分の手の内をさらすようなものなのであまり出てこない。あくまでまだ卵にしかすぎない後輩たちだからこそ、話せる内容だと思う。聞いていて、それがおもしろい。今回もいろいろな話が聞けた。

レース後に語られたこと

今回は２０２２年2月に現役を引退した藤沢和雄氏もＪＲＡのアドバイザーとしてレースを見ていた。

模擬レース後に映像を見ながら解説する横山和生騎手と話を聞くレースの参加者たち。

藤沢氏からはパドックでの所作について話が出た。

「乗る前に馬の頭をなでてあげた子はいるかな？」

　予想外の質問に生徒たちもとまどっている。そういう目線はなかったのかもしれない。これから乗る馬とのコミュニケーションは重要だ。騎手は馬にまたがってからゲートに入るまで股下にいる彼らと呼吸を合わすのが最重要課題の一つになる。当たり前すぎてかえって抜け落ちるかもしれない。走らせるのは騎手でも走るのは馬だ。その辺りを藤沢氏は指摘したかったのだろう。稀代の名伯楽の言葉に感心させられた。

　現役からの話では、レースを見にきていた横山和生騎手からの話がおもしろかった。

「今日一番価値があったのはゲート内での石川騎手

だった」

生徒ではなく、参加した現役騎手の名をあげたのだ。

映像ではゲート内で石川騎手の馬がトモを落とす様子が映っていた。次の瞬間、ゲートが開く。ところが当の石川騎手はいつのまにか馬の態勢を立て直していて、スタートに支障はなかった。その一瞬のワザこそ「技術」だという。ゲート内での馬の様子は様々。トモを落とす馬、ゲートに突進しようとする馬、ボーッとして注意力を欠く馬、隣の馬が気になってしまう馬などいろいろ。騎手は彼らの背でその馬にあった御し方をしていないとスタートのとき、スムースに出せない。

「『トモを落とされたらどうしようもない』じゃなくて、そのときはこう御すということをゲートでは、常に考えていなければならない。それも頭で考えるだけじゃなく実践できなければならない。その点で今日一番印象深かったのが石川騎手」

と横山和騎手はいう。やはり現役は見ているところが違うと感じた。

次回の模擬レースは中山。舞台が変わればレースの流れはまた違ったものになる。どんなレースになり、現役の騎手たちからはどんな話が聞けるのか。興味は尽きない。

神様がくれた試練

まさかの出来事

2023年2月7日、JRA競馬学校騎手課程第39期生・佐藤翔馬がやっとのことで卒業した。最後の1ヵ月、予定外の出来事があったので、感慨深い。

ひと月前の1月6日。白井のJRA競馬学校では卒業試験となる模擬レースが行われた。その後に面接試験はあるものの、実質的に騎手になれるか、なれないかの最後の関門だった。

ところが、このレースに翔馬の姿はなかった。実は12月に足首をけがして、それが完治していなかったのだ。卒業試験を目の前にしてのアクシデント。本人もショックを受けていた。一報が入ったときはこちらもびっくりはしたものの、すぐ本人に伝えた。

「騎手にけがはつきものだ。神様から回復力を試されていると思って、無理せず、今、できることをやりなさい」

足首は、騎手の体の中でも最も重要な部分だ。自分の体重、馬からの反動、それらを受け止めるショックアブソーバー。ここが変な治癒の仕方をすると騎手人生に禍根を残すことになるかもしれない。最も無理をしてはいけない箇所だ。

けがの程度を聞くと、治癒までは卒業試験に間に合うか間に合わないかの微妙なところ。相当本人にも焦る気持ちが生まれるはずだ。

騎手はけがに強い。それも一流騎手ほど驚異の回復力をもっている。たいていは、医者がいう全治までの期間よりはるかに早く復帰する。体が強いのはもちろんだが、より重要なポイントはメンタル。焦りを精神力に変え、じっくりと適切なリハビリに励む。結果として早く回復する。

騎手になれば、生涯に何度かこういう場面は訪れる。まさにそのための卒業試験が神様から課されたと考えるしかない。

仮に試験が受けられず、卒業が1年遅れたとしても、騎手として決定的な欠点を抱えて馬に乗るよりはよっぽどいい。今年一年で引退する自分にとっては残念だが、彼の人生の方がはるかに大事だ。そういう思いもこめて、競馬会のスタッフにも「無理して試験に乗せるぐらいなら、卒業を延ばしてくれ。将来ある身なんだから」と伝えていた。

結果的に本来の卒業試験の約2週間後、けがが癒えた翔馬のために卒業試験の模擬レースをやってもら

右が出会ったときの翔馬。左が卒業式のとき。確かに大きくなった。

えた。ＪＲＡの温情に感謝した。

試験は無事合格。こうして今日の卒業式を同期とともに迎えられた。ホッとするとともにこの経験は今後の彼の騎手人生の糧になると確信した。

災い転じて福となす。トラブルは笑い話に変えなくてはいけない。自分のモットーでもある。

写真の意味

卒業式、翔馬を抱き上げた写真を撮った。周りで見ていた人はびっくりしていた。おそらく師匠が弟子と撮る写真のポーズには思えなかったことだろう。しかしこれには大きな理由があった。

静岡での草競馬、大人顔負けの達者な騎乗ぶりに目を見張らされた小学生を

「大きくなれよ」

と抱き上げた。「騎手になりたい」とその子はいう。

「だったらうちの厩舎で面倒みるからがんばれ！」

励ましのつもりで声をかけた。

確かに大きくなって騎手になった。この写真のポーズはそれを確認する儀式だった。

これが最後の弟子となる。大した師匠ではないが、騎手４人、調教師３人、合わせて計７人の弟子たちを競馬界に残すことができた。自分のような者を30年以上食べさせてくれた競馬界に対し、いくらかでも恩返しになるかなとも思う。残り1年、彼らの成長を少しでも手助けできたら、と願っている。

テイクオフ

デビュー戦

２０２３年３月４日、待望のその日を迎えた。中山競馬場には前途を祝福するかのごとく、どこまでも続く青い空が広がっている。この日、新人騎手たちはデビューを迎えた。佐藤翔馬もその1人だ。

第2レース３歳未勝利ダート１２００メートル16頭立ての一戦。自分にとっても愛弟子のデビューを見守るのはこれが最後となる。感慨をいだきながら、自厩舎のオスカーレイに乗ってパドックを回る翔馬を見つめた。

無事にスタートを決めてくれたものの、ポジションは後方。そのままゴールになだれこむ形で残念ながら人気と同じ13着。

続く2戦目は同日の第6レース３歳未勝利芝１８００メートル戦。騎乗馬は自厩舎のネザーランドリマ。普段は気にしていないのだが、人気も16頭立ての６番人気と、支持されていた。

スタートを決め、中団につける。4コーナー手前で押し上げ、先頭集団に取り付く。直線では2番手に躍り出て先頭をいく馬を追う。しかしゴール手前で後続に交わされ、結果は4着。

それでも見せ場はたっぷりだった。本人は勝ちたかっただろうが、競馬としては申し分のない内容だったと思う。

3戦目は小手川準厩舎のキーチキングに騎乗。馬の状態はいい旨、小手川師より聞いていたので期待した。スタートで出負けして、向正面は最後方。4コーナーを回り直線でわずかに押し上げて13着。このレースで勝ったのは、後方から見事な追い込みを決めた自厩舎の原優介騎手。先輩の貫禄を見せつける形になった。

翌日は2レースで青木孝文厩舎のブリングライトに騎乗。スタートはわずかに遅れたものの先頭集団後方につけ、待機。流れに乗って直線で足を伸ばすものの8着。そつのないレース運びが印象的だった。

実は自分と、小手川師、青木師の3人の間で誰が最初に翔馬に初勝利をあげさせるかを争っていた。3人ともそれなりの馬を揃えたが、そうは簡単に結果は出ない。

先にあるもの

プロデビューを果たした
自厩舎の佐藤翔馬。

こうしてデビュー週が終了。まずはその名のごとく、翔馬もテイクオフを果たした。

無事に終えられたことが一番だが、精神的に舞い上がるようなそぶりは見せず、終始冷静に乗っていたように見えた。同じ日に乗った関東の同期3人もまずまずの騎乗ぶりだった。模擬レースのときからどの子も冷静で、技術的なものも十分やっていけるレベルにあるとは感じていた。技術の裏付けがあるから、デビューで冷静さを失うこともなかったのだろう。

とはいえ、勝利となれば話は別だ。先輩騎手たちはそうは簡単に新人に名をなさしめるようなことはしない。それがプロの世界だ。新人6人がデビューしたこの週、残念ながら初勝利をあげた子はいなかった。まずは1勝という思いは預かった調教師も同じだが、単純に人気馬に乗せたから勝つというものでもない。

師匠としてはともかく早く1勝させてやりたい。偽りのない親心だが、それがすべてではない。プロとして本物のレースを体験する中で、そこから何をつかむのか、一戦一戦きちんと自分の頭で考えられたかどうか。そこも大いに気になる。これができないとプロの世界で長く馬に乗り続けることはできない。

10戦しても1勝9敗が当たり前の世界だから敗戦をいつまで引きずっていても始まらない。終わったレースのことはすぐに忘れて次に臨むのは基本だが、すべて記憶から消し去ってはいけない。レースから得た教訓は胸にしっかりと刻む。その繰り返しがなければ、騎手稼業は続かないだろう。

翔馬のことは周りに「この子は天才だから」といい続けている。もちろん贔屓目はあるが、入学前から関わりをもち、今日まで成長を見てきた。調教師生活最後の1年でこういう子を預かれる幸せを感じているのも事実だ。現役でなければ味わえない気持ちだろう。

厳しい選抜をくぐり抜けて競馬学校に入学し、3年にわたる過酷な訓練に耐えて騎手免許を手にした子は、はたから見ればみんな「天才」だろう。ただ、それを証明するものは結果しかない。プロの洗礼を浴び続けながら、どうやって結果を残すのか、精進の道は始まったばかりだ。

地方の灯火

笠松での交流戦

佐藤翔馬がデビューした翌週、3月8日水曜日、地方交流戦で笠松に来た。笠松は久々だった。親しかった笠松の調教師、法理勝弘師が2020年12月に亡くなって以来だ。法理師はもともと高崎の調教師で高崎のリーディングトレーナーとして活躍していたが、2007年に高崎競馬場そのものがなくなり、紆余曲折を経て2007年、笠松で開業。地方競馬通算1435勝の成績を残した。

実は、法理師は厩舎に入る前からの知り合いだった。師は当時高校生で府中のスポーツ少年団に属していて東京競馬場で馬に乗っていた。自分は大学生でバイトで競馬場に出入りしていて親交があった。

交流戦となったこの日の第8レース朧月特別(ダート1400メートル)では、中央のジョッキーが3名参戦。永島まなみ騎手に新人の田口貫太騎手、そして翔馬。

この3人には共通点がある。いずれも父親は地方競馬の元ジョッキーで、今は調教師をしている。

永島騎手の父親は園田の永島太郎調教師、田口騎手の父親は笠松の田口輝彦調教師、翔馬の父親は川崎の佐藤博紀調教師。永嶋師と佐藤師には騎手時代に自厩舎の馬に乗ってもらったこともある。

その意味で3人とも地方のDNAをもつ。田口騎手にいたっては、母親も笠松初の女性ジョッキー・中島広美騎手。血は相当濃い。

レースは、逃げる永島騎手を田口騎手がマークする展開。翔馬はさらに後ろから先頭をうかがう。結果は4コーナーで田口騎手が永島騎手を交わし、そのまま1着。地方とはいえ、JRA新人一番乗りの初勝利を挙げた。2着に永島騎手、翔馬は4着。

ウイナーズサークルでの記念撮影には、田口騎手の両親はもちろん、関係者一同、永島騎手や翔馬も入った。「貫太、良かったなー」と、祝福の声に包まれる。ファンを含め、お祝いムードが競馬場全体を包んでいた。

もちろん新人騎手の初勝利は慶事だが、ここまで温かい雰囲気にならないかもしれない。地方競馬独特の事情が絡んでいるように感じられる。

地方競馬の現状は苦しい。最近こそネットの普及で地方競馬の馬券が買えるようになり、立て直してきたところもあるが、課題は多く、順調とまではいえないだろう。厩舎関係者にとって事業継続はいまだ苦労を強いられている。笠松競馬場も例外ではないはずだ。

笠松での記念撮影。田口騎手の初勝利をみんなで祝う。

田口騎手はそんな厳しい環境の中から誕生したサラブレッドなのだろう。笠松出身のジョッキーを両親にもち、厩舎で育って中央の騎手となって帰ってきた。故郷に錦を飾るとはまさにこのことだ。本人以上に両親や厩舎関係者にとって感慨深かったはずだ。そんな思いが詰まって、独特のあのなんともいえない温かい雰囲気が醸成されたと感じる。

同じ競馬

馬を扱う職業という点で中央と地方に差はないといつも思っている。経済的な差が仕事の差だとはまったく思わない。むしろ厳しい環境の中でなんとか回している彼らの方が努力という点では上回っているかもしれない。

「同じ競馬なのだから」と、地方交流戦にも積極的に参加し、できる限り盛り上げたいという気持ちでやってきた。結果、交流戦に１０００回以上も使い、２０１５年にはＮＡＲから出走回数で表彰を受けた。地方競馬のことはいつも頭にある。

若い人には意外に思われるかもしれないが、かつて１９６０年代には大井競馬場の売り上げが中央を超えていた時代があった。その時代の中央の先輩調教師たちは「大井に負けるな」をスローガンにやっていたという。今とは真逆の現象が起きていた。１９７０年代に逆転してからは地方はさびれる一方で、多くの競馬場が姿を消した。そんな中でその火を消さず開催し続ける地方競馬は、多様な日本の馬文化の一つだと思う。なんとか次世代につないでほしい

法理師の終焉の地となった笠松競馬場で、いいものを見たと思う。翔馬も連れてきてよかった。感じるものは大いにあったはずだ。

次は翔馬の番だ。いずれ川崎競馬場に凱旋する日も来る。その日には勝利をあげさせたい。自分に課せられた使命だと強く思う。

凱旋勝利

大出遅れ

「ああ、やった！」

扉が開いても佐藤翔馬が乗ったトーラスジェミニは、立ち上がって一瞬出て来なかった。スタートで2馬身以上の大出遅れ。芝1600メートルでこれではどうにもならない。離れた最後方のまま何もできずにレースが終わってしまった。3回中山3日目第11レースG3ダービー卿チャレンジトロフィーでのことだった。

今年デビューの未勝利の新人を重賞に乗せること自体が暴挙だが、馬主やそれまで乗ってきたジョッキーたちへの根回しはした。納得というよりこちらのお願いに諦めてくれた感じだった。結果はこの通りで、批判やクレームは甘んじて受けるしかない。その点については言い訳はできない。

レース直後、他のジョッキーが話しているのを聞くと、翔馬はガチガチだったそうで、「これは出遅れるな」と思った、とのことだった。

体が硬くなると馬もそれに反応する。ゆるんだ状態からスタートすれば筋肉も瞬時に引き締まって楽に出られるが、固まった状態だといったんゆるめてから再び引き締めることになる。いきおい遅れてしまう。

本人の落ちこみようもすごかったが、あくまで乗せたのは自分なので、非は調教師である自分にある。

大出遅れでレースにならなかった、という結果はレース前にまったく予想しなかった、というわけではない。落馬や馬が故障する、他馬に迷惑をかけてレースを壊す、といった最悪のケースも頭にはある。結果的に出遅れ最後方では最悪の事態は起こり得ず、その点は逆によかったとポジティブに考えることぐらいしかできない。

いずれにせよ、何が起こってもその経験は必ず翔馬の将来に生きるはず、とそこは腹をくくっていた。もちろんレース後は馬主ほか関係各位にはひたすら謝るしかなかった。

谷深ければ山高し

大出遅れから3日後、翔馬とともに川崎にいた。川崎競馬の騎手の子として生まれ、厩で育った翔馬にとって、凱旋帰国となる。先日の笠松での田口貫太騎手のときもそうだったが、地方だと関係者から中央のジョッ

川崎競馬場で地方初勝利。

キーが誕生すると、温かく出迎えてくれる。

もちろん川崎に連れて来るためには交流戦で馬を使う必要がある。この日、第7レースの交流戦ダイヤモンドフラワー賞(3歳)では自厩舎のベッケンバウアーを使った。レースには馬主の三岡陽氏も来てくれた。無理なお願いを聞いてくれた上、自馬のみならず新人騎手の応援に来てくれた。ありがたい話だ。

第3レースアスターテ賞(C3クラス)ダート2000メートル。翔馬は中央では経験したことのない1番人気の馬・ラムダに乗った。ラムダは父親の同期の調教師・平田正一厩舎の馬で、馬主は小桧山厩舎にいたマリネリスの馬主でもあった今中俊平氏だ。

ゲートが開いてスタートも決まった。最初の直線で加速し、順調に先手を取った。川崎は超小回りなので先手を取ることは重要だ。しかし、２０００メートルは長い。向こう正面では先頭を行く翔馬に盛んに競りかけて来る馬もいる。ここで動いてしまうと直線でもたない。

翔馬はへたに慌てずよく我慢していた。デビューからここまで乗ってきて途中で動けば最後にお釣りがなくなることはよくわかっているはず。

直線を向いて依然先頭。最後までよく馬を追い、後続馬を突き放してゴールした。

関係者を交えて記念撮影。本人はもちろんだが、こちらもひとまずはホッとした。３日前の経験が生きたと信じたい。

この日は5レースで今度は同期の新人・小林美駒騎手が勝利。新人のＪＲＡ騎手がともに勝利を挙げる珍しい1日となった。

ただ翔馬のあとのレースは勝利はならず。人気馬にも乗っていたのでもう一丁の雰囲気もあったが、残念な結果に終わった。

初の川崎遠征は凱旋勝利をもたらしてくれ、成功裏に終わったが、中央未勝利であることに変わりはない。39期生６人の中で中央未勝利は２人だけになってしまった。

自分も含め、関係者はなんとか早く1勝をあげさせたいと思っているが、そうそう有力馬ばかり用意できるわけではない。人気薄の馬で穴を開けるような競馬も中央での初勝利には必要だろう。そうなると運も絡んでくる。ジョッキーとして「もっている」か、「もっていない」か。その証明も長くやっていくためには欠かせない。

Note of My Horse Research

第2章

Note of My Horse Research

ターフは踊る

馬は人を見るか?

さみしさとあきらめと

「馬はゴール板を知っている」「レースが近づくとそれとわかる」。

巷間よくいわれるが、馬の記憶力がどのくらいよいかはなんともいえない部分がある。イヌぐらいの記憶力は十分ありそうだが、あくまで競馬というフィルターを通して見てのことなので、単純に頭がいいとか悪いとかは判断できない。

人を見るという点はどうだろうか?

その瞬間に背にいる人間の上手い下手は完全にわかっているだろう。だが、個人を特定しているかどうかまではなんともいえない。

たまに、元騎手がかつて自分が駆っていた元競走馬に会う、といった内容のテレビ番組を見る。「たぶんわかっていると思います」といって鼻筋をなでるような絵が撮られるが、「どうなんだろう?」と思ってしまう。

もちろん本当にわかっているかもしれないし、餌でももらえるかとたまたま近寄っただけかもしれない。

わかっていたとしても、「騎手に寄ってくるかなあ」という気もする。調教でも、レースでも厳しく走ることを求められ、ときに鞭で叩かれる。馬の気持ちになれば、もっとも会いたくない人間だろう。調教助手や調教師も似たようなものだ。さほど楽しい記憶に結びついているとは思えない。

自厩舎にいたスマイルジャックには引退後もずっと関わり続けている。今は北海道の育成牧場でのんびりと余生を過ごしている。たまに立ち寄ってみるが、「よく来た」といって寄ってくる気配はない。いくらかのさみしさと「まあそうだろうな」というあきらめと複雑な気持ちが混じり合う。

以前、角居勝彦・元調教師を取材したとき、似たような話をしていたのを思い出す。

「引退したウオッカにアイルランドで会ったことがあります。放牧場の柵前で待っていると、牧場の人が引き綱で連れてきてくれました。引き綱を離したので、『おう、覚えているか』といってこちらから近づこうとした瞬間、ピューと逃げて行きました。その後は真ん中から動かない。真ん中というのは、牧柵のどの位置からも遠いということです。『日本に連れ帰られてたまるもんか』といわんばかりでしたね。何年も一緒に過ごしたのに。『チェッ、なんだよ』と思ったのを覚えています」

角居氏の話に、さもありなんと、納得した。

馬は厩務員が大好き

同じ厩舎関係者でも担当の厩務員に対する態度はまったく違う。完全になついている気がする。朝厩舎に行くと、担当の厩務員が乗ってくる自転車の音や彼らの足音に反応して大騒ぎしている馬をよく見る。「あ、担当の人が来た」とわかっているとしか思えない。

馬からすれば、餌をくれて体の手入れをしてくれて、と特別な人間なんだろうと思う。厩務員の方もそれぐらい好かれないと、朝、馬の顔を見るだけで調子がわかる、といったレベルにはたどり着けない。まるで恋人同士のようにベタベタしている馬と厩務員を見ていると、なんだか嫉妬心のようなものがわいて若干腹が立たないでもない。

これもまた、角居氏に聞いたウオッカの話だ。

「ウオッカはドバイで最後のレースを終えて、そのまま引退して繁殖牝馬になったんで、ドバイから日本に戻らず直接アイルランドに行ったんです。そのため、最後日本にいた担当厩務員はお別れができなかった。あんまりだなと思ったんで『通訳をつけてやるからアイルランドに会いに行ってこい』って送り出しました。向こうでウオッカに会ったら、放牧地の端からたちまちピューっと走ってきて、触らせてくれたそうです。『本

引退してのんびり余生を過ごすスマイルジャック。

当に可愛かった』といってました。その話を聞いてたんで、自分のときもある程度は歓待してくれるのかなと思ったんですが…」

苦笑いしながら話してくれた。

外厩も利用しながら年間何十頭もの馬を預かり、どの馬も競走馬として生きていけるよう世話していくわけだが、成績の有無にかかわらず、特別な馬というのはいる。腕利きの厩務員さんがこういった馬に注ぐ愛情を見ていると、家族以上の存在であることがひしひしと伝わってくる。馬にもそれがわかるのだと思う。確かに両者の関係を見ていると、騎手だの調教師だのが嫌われているのは明白だ。それでも厳しく鍛え、彼らには成績をあげてもらわないと、みんなが幸せになれない。

思いをつなぐ点と線

30年後の記念日

２０２１年10月17日５回新潟４日目第１レース・ダート１２００メートル２歳未勝利戦。４コーナーを回り、直線で馬群を抜け出した自厩舎のイチゴキネンビは、ぐいぐいと加速した。２着馬に３馬身差をつけての快勝だった。同馬は父マクフィ、母イチゴアミーラ、母父シンボリクリスエスの鹿毛の牡馬。９月の中山でデビューして４着、４着と惜しい競馬が続いていたが、この日の快勝となった。母馬のイチゴアミーラも自厩舎に所属していた。引退後、繁殖牝馬として日高の碧雲牧場に繋養されることになった。イチゴキネンビは初仔にあたる。

コロナ禍で口取りが禁止されていたが、10月から解禁となった。ただ写真に入れるのは、馬主本人、調教師、厩務員までである。

口取り写真に収まった馬主の「合同会社ノルディック」代表・萩野寛雄氏も感慨深げだった。実は、共同馬主ではなく100%自分だけでもっている馬での勝利は、馬主になって初のことだったのだ。

萩野氏との出会いは30年以上前に遡る。用事で北海道・新冠の川上牧場に行ったとき、たまたま早稲田大学の学生が遊びに来ていた。聞けば、早大の競馬サークル「優駿クラブ」に所属しており、馬好きが高じて北海道の牧場巡りをしているとのこと。「優駿クラブ」は1973年から続いており、競馬サークルとしては伝統がある、とのことだった。

「早稲田なら、牧場を経営している先輩がいるよ。紹介してあげようか?」

こうして連れて行ったのが、碧雲牧場だった。

馬主の思い

萩野氏は卒業後、東北福祉大学の教授となった。教鞭のかたわら競馬への思いも断ちがたく、合同会社ノルディックを立ち上げ、ついに馬主の資格も取った。共同馬主のひとりとしてブエナビスタをもったこともある。

自厩舎では、主に「イチゴ」の冠名で馬を預けてくれた。イチゴダマシイ、イチゴッチ、イチゴアミーラなどである。中でもイチゴッチは碧雲牧場産で、母馬のアンファティエはドラゴンビューティー、フォーミーを出し、2頭とも自厩舎では主力として活躍してくれた馬だった。

それだけに期待は高かったが、11戦0勝で終わった。イチゴアミーラは2着が3回あり、萩野氏初勝利が期待されたが、結局18戦0勝で終わった。

イチゴキネンビの1勝は、馬主・萩野寛雄、所属・小桧山厩舎、生産・碧雲牧場のトリオで生み出した初の勝利だった。初めて出会ってから30年のときが経っていた。残念ながら碧雲牧場の長谷川敏氏は2021年9月末に他界されたが、それだけの時間がこの勝利には必要だった。

時間はもちろんだが、お金もかかる。馬は経済動物だ。生産には牧場に関わる経費はもちろん、種付け料や飼料代もかかる。所有が馬主に移れば、入厩前の育成、入厩後の厩舎への預託料などなど馬主にとってはひたすら投資の日々だ。その上でデビューし、成績をあげ、初めて資金が回収できる可能性が出てくる。その間に馬がパンクすれば、ほぼすべては0になる(JRAの場合、登録後、諸条件をクリアすれば見舞金が出る場合もある)。それだけの経費を負担し続けられる経済力がないと続かない。

一部の大馬主やクラブ法人を除けば、収支では赤字の馬主さんの方がおそらく多いだろう。投資のつもりで馬主になるような人もいなくはないが、たいてい数年で消える。逆に何年も馬主をやっているのになかな

新潟競馬場でのイチゴキネンビ口取りの様子。

か勝てない人も少なくない。それでも続ける個人馬主さんの根底にあるものは、「馬が好き、競馬が好き」という思いだと思う。思いを介して点と線でつながった馬と人に、夢を提供し、それをかなえるのが、JRAであり、調教師をはじめとする厩舎サークルの人間なのだと思う。その意味では、イチゴキネンビの1勝は価値がある。次なる勝利を目指して進んでいきたい。

理想の厩舎を作る

労災0(ゼロ)を目指して

2022年で厩舎を開業して26年目になる。定年となる70歳までは残り2年3ヶ月。「現役でいるうちにできることを」と毎日思っている。

そのうちの一つが「理想の厩舎を作る」こと。自分が思う理想の厩舎とは「自分がいなくても日常の厩舎業務が回る」厩舎。現在、ほぼ完成形になっている。

ベテランのスタッフからは「そんなの前からでしょ」といわれそうだが、より空気のような存在になりたいと思っている。「あれ、今日、テキ(調教師のこと)いるの?」ぐらいでちょうどいい。

逆をいえば、「調教師がいなくても厩舎が回る」状態というのは、「全幅の信頼を置くスタッフが各々の自覚の中で完璧に仕事をこなしている」ことの証でもある。

それでもいろいろなトラブルは起きる。馬のトラブル、人間関係のトラブル、レースにまつわるトラブル等々。

実はトラブルが起きたときこそが、自分の出番。「何か起きたら俺が責任を取る」その覚悟と自覚が調教師の仕事の核心なのだ。

その点では自分は調教師に向いた性格だと思う。トラブルを「めんどくさい」と思ったことはない。むしろ自分しかできない仕事ができたと思い、内心嬉々として処理に当たる。トラブルにまつわる複雑な事象を一本一本ときほぐし、なるべく最短の方法で解決していく。そのためには人に頭を下げることも厭わない。ときには手練手管で人を説得することもある。

トラブルを除く日常の業務については、ともかくスタッフに全てを任せる。自分がいつもスタッフに伝えていることは一つしかない。

「ともかく、人も馬もけがをしないよう気をつけてくれ」

これだけだ。

ともかく労災につながる事故がないこと。そのためには普段の仕事をどういう観点で行わなければならないか、自分でひとつひとつ判断して動いてもらう必要がある。幸い、小桧山厩舎はトレセン内では労災が少ないことで有名だ。スタッフが自覚の中で行動しているからだと思う。

しかし自分では自覚できないこともある。健康だ。体調の維持は社会人としては当たり前のことだが、優秀なスタッフほど「やりすぎ」ということはありえる。労災0を目指すためにも管理職としては注意しておかなければならないところだ。

至福の時間

朝は必ず厩舎にいく。作業が始まる直前、大仲(厩舎にある関係者の休息所)にたむろしているスタッフたちと話をする。「その日の業務について綿密なミーティングしている」とかっこよくいいたいところだが、現実は異なる。つまらない冗談を飛ばして談笑するだけだ。

実は彼らの顔色を見ている。心身の体調が悪そうならすぐ声をかける。時にはスタッフの顔色から担当馬のコンディションが垣間見えることもある。馬の調子が悪ければ、人の調子も崩れるものだ。もちろん逆もある。自分の体調が悪ければ、馬の調子も落ちていく。馬に関わる人間は、心身ともにともかく健康でないとつとまらない。

もうひとつスタッフ同士のコミュニケーションも観察している。若手とベテランでは当然力量が違う。教え、学ぶことが必要だが、コミュニケーションの土台となる人間関係がなければ成立しない。ベタベタ仲良くす

厩舎前でスタッフとバーベキュー。

るという意味ではない。お互いの信頼関係の中で切磋琢磨するという意味だ。うまく厩舎が回っているときは、スタッフ同士の会話の中にそれが感じられる。

コミュニケーションという点では、アルコールを介しながらということもある。生き物相手の仕事なのでなかなか時間がとれず頻繁にはできないが、馬が勝ったとき、所属騎手が勝ったときなど、タイミングを見て厩舎の飲み会を催す。みんなが参加できるので、厩舎の外でバーベキューが多い。昨年と今年はコロナでできなかったが。

バーベキューの日、スタッフはルーチンの作業があるのでみんな忙しい。自分が一番時間があるので、自分から買い出しをかってでる。前もって食べたいものを聞いておいて食材を揃える。遠慮のないスタッフから、和牛だ、伊勢海老だと高級食材の要求が出されるが、このときとばかり奮発する。食べ物ぐらいで気持ちよく働いてもらえるなら安いものだ。

買い出しまでやる調教師は珍しいかもしれないが、実は学生のときから幹事役はお手のものだった。人に任すより自分でやった方が確実なのだ。

食べつつ、飲みつつでスタッフの話を聞く。自分にとっては至福のときでもある。ほとんどは冗談の飛ばし合いだが、何気ない会話の中に日常の仕事ぶりやスタッフの関係性も垣間見える。自己満足かもしれないが、理想の厩舎の一つの形を感じる瞬間だ。コロナが終わって早くこの日がもどってほしい。

馬乗りのプライド

馬をおりるとき

理想の厩舎を作る上ではスタッフが重要という話をしたが、厩舎所属のスタッフと一口にいっても資格が各々違う。ＪＲＡには規定があり、資格によってできることに差がある。

主な職種は３つ。一つは厩務員。２頭の馬を担当し、日常的な世話をする。乗り運動は可能だが、調教には乗れない。次が持ち乗り調教助手。２頭の馬の世話を担当するところは厩務員と同じだが、調教にも乗れる。原則、調教は担当馬のみだが、厩舎の事情などにより、他の馬に調教をつけることもできる。通称「持ち乗り」。３つめが、攻め馬専業調教助手。世話をする馬はおらず、文字通り調教を専門に行う。通称「攻め専」。

トレセン内で「馬乗り」となると、騎手、持ち乗り、攻め専となる。もちろん調教師は基本、乗ろうと思えば乗れる。

自分もトレセンには攻め専として入ってきた。実はその意味で、担当馬の世話のため厩舎作業をした経験はほとんどない。もちろん、馬術部だった学生時代、種馬場や育成場で働いた時代など、厩舎作業そのものは経験しているが、トータルでは大した年数ではない。

学生のときから競走馬に乗るのが好きで、そればかりやってきた。その意味では間違いなく「馬乗り」だったといえる。福島の育成場にいたときにかなり鍛えられたこともあって、トレセンに入ったときは、それなりに自信があった。当時何人かいた伝説的な匠の馬乗りたちとは比ぶべくもないが、平均を取れば悪くない部類だったとは思う。

ベテランの攻め専になると、厩舎の中でどうしても難しい馬をやらなければならなくなる。「俺が癖をつけたんじゃないのに」と思いながらもともかく乗らなければならない。自ずと癖馬を手練手管で乗りこなすテクニックは身についてくる。

厩舎開業当初は普通に調教もつけていた。

当時をよく知るベテランの攻め専から、最近こんなことをいわれた。

「結構つらいものでしたよ、一緒に乗るというのは。調教師は楽に乗ってるのに、こっちはひっかかる。もう嫌になるから」

走路へと向かう「馬乗り」たち。

調教師が乗る以上、それなりのところを見せなくてはこちらも示しがつかない。

「だてに年は取ってないぞ」という気持ちだった。馬乗りのプライドがうずいたのかもしれない。

一緒に乗っていたその攻め専も今やベテランとなり、若い者に「ベテランの味」を見せつける立場になった。

開業して10数年経った頃、腰を痛めて騎乗が辛くなってきた。開業当時の若い馬乗りスタッフたちもグイグイ上手くなって、「もうおりてもいいですよ」といわれている感じがした。

もはや自分の出番ではないと思い、馬からおりた。

強い気持ち

ある日のゲート試験のこと。自厩舎の若い攻め専がゲートが開くなり馬から落ちた。もちろん事故になるようなレベルではない。それを見ていて、申し訳ないが思わず笑ってしまった。

若手とはいえ、めったに落ちるようなことはない。聞けば、隣のゲートに自厩舎の先輩が入ったので、思わず気合いが入ってしまったのだそうだ。それでガーと行かせてしまい、バランスを崩したとのこと。ゲート試験とはいえ「少しでも先に出たい。先輩に負けたくない」という馬乗りのプライドがそうさせたのだろう。

自分も含め、馬乗りにはキャラの濃い人間が多い。馬を御すにはまず馬に勝たなくてはならない。馬上では「勝手気ままは絶対に許さない」という強い気持ちがなければ、稽古はつけられない。馬に「なめられる」「遊ばれる」では、仕事にならないのだ。いきおい、おりてからも強気は残る。そんな個性派集団をまとめていくのが調教師の役割だが、自分は彼らを見るのがおもしろくてしょうがない。馬乗り同士のプライドのぶつかり合いを見るのも楽しみの一つだ。

ただ、今ではうらやましいという気持ちもある。自分は馬からおりた以上、もはや馬乗りではない。馬乗りではない自分は、アドバイスをしたり、相談にのったりはするものの、基本的には彼らには口出ししないし、細かい指示なども出していない。自分の頭で考えて乗ってもらえればそれでいい。彼らにはあえて「あなたの馬ですよ」という。むしろそういう感覚で乗ってほしい。それで失敗したら責任は自分が取る。でもうまくいったら厩舎が潤うわけでもあるので、にんまりして「ごちそうさま」という。馬からおりた調教師とはそういうものだと思う。

厩舎の血統

血をつなぐ

競馬はブラッドスポーツだ。血統をつなぐことにその根幹がある。走った馬が引退して、種牡馬や繁殖牝馬になり、その仔どもたちが血をつないでターフへと戻ってくる。この繰り返しが競馬の醍醐味の一つだ。

厩舎に馬が入るきっかけは千差万別だ。大昔は調教師が牧場で良馬を見つけ、馬主に勧めるスタイルが主力だった。現在では、セリで購入した良馬を、大馬主やクラブ馬主が差配して、入厩してくるケースも多い。高馬ともなれば、縁やゆかりというより、こういったシステムの中で入厩馬が決まってくる。

個人馬主しかいない小桧山厩舎は、一部の馬主さんには、調教師である自分が探して来た馬を勧める昔ながらのケースもある。もちろん、馬主さんから預かってほしいと頼まれることもある。

自厩舎で活躍した牝馬が、無事牧場に戻り産んだ仔は、必ずチェックしておく。もっとも「これは…」と思う仔が、必ず入手できるとは限らない。昔と違って牧場での「庭先取引」は少なく、たいてい馬はセリに出される。狙っていた馬に思わぬ高値がつき、手が出せなかったケースも多い。生産者側にはセリで高く馬を売りたい思いもあろう。それでも母馬を買ってくれた馬主・預かった調教師には、優先して情報を流してもらえる。

馬主さんの懐事情も十分考慮し、予算に見合う馬を勧める。ともかく自分が願うのは、長く馬主を続けてもらうこと。無理な高馬に手を出して「飛んで（経済的に破綻すること）」もらいたくない。

馬主さんにも血にかける思いがある。活躍した所有馬の仔には思い入れが強い。種牡馬まで自分で選び、種付け料までもつケースもある。こういった馬には自分も思い入れがあるので積極的に預かる。こうして「厩舎の血統」ができあがる。

当たりはいずれ出る

「小桧山厩舎血統」としては、開業当初厩舎を支えてくれた1991年生まれのプリンセストウジン、2008年のダービーで9着だったベンチャーナインを産んだ1999年生まれのグラッドハンド、最近では2008年生まれのフォーミーなどがいる。いずれも生まれた仔で競走馬になったものはたいてい自厩舎に来た。

思い入れのある血統を追っていくと、どこかで当たりが出てくる。「走った牝馬はどこかで1頭、走る仔を出す」。経験則ではあるが、それほど外れていないように思う。これも血の不思議のなせる技か。

当たりが出たときに、それが自厩舎にいれば「よっしゃー」となるが、なかなかうまくいかない。

上記の3血統に関していえば、セリでどうしても買えなかった馬がそれぞれ1頭だけいる。1000万以上の値がついたのでおりたのだ。ところが結局、逃した馬はそれぞれの血統の中で一番走っている(グラッドハンドの場合は、ベンチャーナイン以後の仔の話)。

厩舎血統馬と思っている馬の仔が、他厩舎で走ると嬉しさと悔しさが交錯する。

ただ、残念ながらセリに関していえば、基本、素人はいない。プロは厳しい相馬眼をもっている。何億あるいは何千万の値がつくような馬でなくとも、プロが見れば良馬はわかる。血統的に500万前後の馬でも、体のつくりが良ければ1000万の値は付く。セリ場では自分にはリミッター(!?)がついているので、狙っていた馬でも自動的におりる。

厩舎血統馬のよいところは、母馬が在厩していたときの様子から性格などが予想できる点にもある。扱いはずいぶん楽になる。担当には母馬のときと同じ厩舎スタッフをつける。扱いがわかっているし、彼らも

グラッドハンドの4番仔・牝馬のプロスペラスマム。今は牧場にもどり、繁殖牝馬として過ごしている。

かわいがった馬の仔はやはりかわいい。より力が入るのが自然だ。

調教師の定年まであと2年と数ヶ月。来年は厩舎血統の新馬をなるべく多く入れ、最後にできるだけ血をつないでみたい。自分のわがままに過ぎないが、古くからの馬主さんにはその思いも伝えている。幸い、厩舎スタッフから3人も調教師が生まれた。申し訳ないが、引退後は彼らに厩舎血統馬を託したい。

馬主、調教師、厩舎スタッフ、生産者、そしてファン。みんなの思いが血によってつながっていく。競馬の魅力がそこにある。

口取り写真

ざわつく周囲

２０２１年12月19日６回阪神５日目第４レース障害３歳以上オープン。自厩舎のニシノベイオウルフは最初のコーナーを回ったところで先頭に立つと、あれよあれよという間に逃げ切って見せた。10頭立ての９番人気で単勝は万馬券。

「してやったり」だが、やったのは馬、騎手、厩舎スタッフで、自分は見守っていただけだ。それでも勝つときは勝つ。

勝てば口取り写真の撮影となるわけだが、このときちょっとした「事件」が起きて、自分の周りがざわついた。

コロナ禍でしばらく口取り写真撮影がなかった。ＯＫとなったあとも、馬主、調教師、厩務員までで騎手は写真に入れなかった。感染対策のためだ。最近、規定が変わって騎手も写真に参加できるようになった。

通常、関係者は横に並んで記念撮影となるが、一部馬主さんは馬に鞍を置き、騎手が上にいる状態で撮影する。日本では少ないかもしれないが、アメリカの口取り写真の際はこのスタイルが一般的。

ニシノベイオウルフのオーナー・西山茂行氏は、このジョッキーを乗せて記念撮影する代表的な馬主さんなのだ。よく知っている厩舎関係者は、西山オーナーの馬が勝ったときは、いわれずとも鞍を置く。

ニシノベイオウルフのときも検量室前で鞍を置いた。関東からは自分しか来ていなかったので作業にとりかかったら誰かが手伝ってくれた。なんと、第6レースに騎乗予定の横山典弘騎手である。

当然、間近にレースを控えている騎手が普通そんなことはしない。ましてや横山典騎手のような一流ジョッキーが口取りの鞍置きに手を貸すなどありえない。

実は横山典騎手とは非常に親しく、顔を合わせれば2人で延々と馬の話をしている。…といっても自厩舎の馬にレースで乗ってもらうことはあまりないのだが…。

「小桧山さん、ノリさんに鞍を置いてもらうんですか！」

周りにいた関係者が一様に驚いていた。まあ関係性を知らない関西の厩舎人ならびっくりして当然だろう。

「ノリ、こうやって鞍置き手伝ってくれたら、次は絶対いいことがあるから」

お礼がてらそんな話を本人にしたら、本当に第6レースを勝ってしまった。「情けは人の為ならず」というやつだ。

横山典騎手で勝ったクレアのオーナー・中辻明さんも鞍を置いて騎手を乗せ、記念撮影する人だった。

「ノリ、今度は俺が置いてやるよ」

そういって自分が鞍を置いた。こうしておけばまた、自分にも幸運が巡ってくるかもしれない。

最後はレジェンドたちに

鞍を置きながらふと思い出した。

調教助手時代の話だから20年以上前のことだ。たしか1993年6月の札幌。自分が所属していた畠山重則厩舎のホボスキーに乗って横山典騎手が勝った。そのときも騎手を乗せて口取り写真を撮ることになり、乗ってもらった。よほど嬉しかったのか、横山典騎手は赤ちゃんだった息子を抱いて、写真に収まったのだ。抱かれている赤ちゃんこそ何を隠そう今の横山和生騎手。生後4ヶ月ですでに競走馬に乗っていた証拠写真でもある。今から考えれば貴重なワンショットだ。

あのときの赤ちゃんが今や騎手となり、小桧山厩舎の馬に乗っているのだから時の流れを感じる。同時に横山家のような、まさに厩舎サークルを代表する騎手一家と何十年もつきあってこれたのもうれしい。

1993年6月、横山典騎手で勝った畠山重則厩舎・ホボスキーの口取り写真。抱かれている赤ちゃんは生後4ヶ月のときの横山和生騎手。

調教師引退までのカウントダウンが近づく自分だが、この先辞めるまでに横山典騎手のような、長年競馬界を支えてきたレジェンドジョッキーたちにぜひ自厩舎の馬に乗ってもらいたいと思う。もちろんそのためには、それなりの馬を用意しなくてはならないが。

「馬が好き」、「厩舎サークルに生きる人が好き」という気持ちでここまでこの世界で過ごさせてもらった。もちろん乗り役も大好きだ。ここ数年、厩舎所属の2人はもちろん、そのほかの若手にも機会があれば乗ってもらった。最後は、長年一緒にやってきた尊敬するレジェンドたちに乗ってもらいたい。横山典騎手の鞍を置きながら、そんなことを考えていた。

大仲の木馬

騎乗フォーム

「カシャン、カシャン」

厩舎の大仲(スタッフの待機所)からリズムに乗った心地よい金属音が聞こえてくる。「あと1分!」厩舎スタッフの声が響く。その場に顔を出すと、ここ最近よく見る光景に出くわした。トレーニング用の木馬で練習する競馬学校生・佐藤翔馬の姿だ。

12月中旬、木馬が大仲にやってきた。木馬といっても金属製。

「翔馬、これで練習したら」

そういって自厩舎の原騎手が後輩のためにプレゼントしたものだ。大仲にあるため「翔馬、今から3分な」と気軽にスタッフが乗せる。本人も2つ返事でまたがって、いわれた通りトレーニングしている。小桧山厩舎の日常の風景になりつつある。

フォームを見ていると、柔らかくてクセがない。見た目だけならすでにジョッキーのそれだ。幼いときから乗っているとはいえ、体の柔軟性は天性のものだろう。今の競馬学校はこれぐらいの柔らかさがないと合格はおぼつかないのかもしれない。

フォームを見ているとたまに腹が立つことさえある。あまりに自然すぎて、辛そうな感じがしない。本人は一生懸命乗っているのだろうが、はたから見るとそうは見えない。順調に成長している証しだろう。

木馬はフォームを作る大切な道具で、騎手たちは暇さえあれば乗ってトレーニングしている。それだけ効果のほども高いのだろう。若手のうちならなおさらだ。

乗馬と競馬

馬に乗るフォームはある程度乗りこまないと固まってこないが、一旦固まるとそれを矯正するときには同じように苦労する。厩舎サークルには、学生時代、馬術でならしたライダーが攻め専で入ってくることも多い。馬に乗る技術はすでにそれなりのものがあるので、すんなり調教ができそうだが、これがそうでもない。

案外、みんな苦労している。

個人的な見解だが、馬術の前傾姿勢と競馬のそれは、腰が醸し出す角度が微妙に違うように思う。乗馬の腰の入れ方だと競走馬はうまく追えない。抑え込む技術も同じで、馬術部出身者は最初、うまく抑えられず、みんな競走馬にもっていかれる。馬術の型がついてしまっているからだ。自分も大学馬術部出身者だが、実は馬術には興味がもてなかった。すでに競馬にはまっていて(といっても馬券には興味がない)、2年生のときには育成場で競走馬に乗ることの方にひかれていた。おかげで馬術の型にはまることはなかった。それに比して同じ大学の馬術部の1年後輩、国枝栄師はレギュラーとなり、最後は副キャプテンまで務めた。さすがの活躍だが、乗馬の技術があった分、JRAに入って攻め専となってからは苦労したという。

思えば自分は馬乗りについては、どこで、誰から、何を教わったということもない。JRAに入る前、当時あった福島の今泉牧場で競走馬育成の仕事はしていた。ただ先輩から教わったのは手綱のブリッジ(余った手綱を片手、または両手で一緒に持つ持ち方。腕が開いてバランスが崩れるのを防ぐ)ぐらいで、あとは見よう見まねで乗っていた。クセがついていないまま攻め専となったので、その分は楽だったように思う。

ただ、乗馬と競馬で技術的にどれくらい違うのかは、乗馬を極めた者でないと、本当のところはよくわからない。美浦の久保田貴士調教師などは学生時代、乗馬の世界の名選手でチャンピオンクラスだった。彼などに違いを尋ねたらわかるかもしれない。機会があれば聞いてみたい。

自厩舎の大仲にある木馬で練習する、厩舎実習中の競馬学校生・佐藤翔馬。

実は自分では体が硬いことを自覚している。馬乗りとしてはマイナスだ。調教助手時代、これを克服すべくいろいろやってきたおかげで、今では体が硬いといわれることもなくなった。

「馬乗りの人はスイングが柔らかいですね」

ゴルフに行くとそういわれる。もっとも後天的に獲得したものなので、ボロが出ることも多いが。

性格の方も似たような話で、人からは「小桧山さんの考えは柔軟ですね」とよくいわれる。これも、もともとは頑固で偏屈な性格なのだが、後天的にこうなった。馬に乗り、柔らかい体を目指したら、硬い性格も柔らかくなったのかもしれない。

馬の仕上げ

○○級の馬

「やっぱりそうか」

厩舎を解散して奥能登に移り住んだ角居勝彦氏と話をしていて、合点したことがある。

正直にいえば、世界をまたにかけて勝負した調教師と厩舎サークルでの生き残りを模索してきた自分では、方向性があまりに違って重なる点は少ないが、この点では一致した。

「なぜ、厩舎サークルに入ったか？」

という疑問に関する答えである。

角居氏は、最初牧場に就職し、生産の仕事に従事していた。そのときに、牧場では完璧に仕上げた馬が競馬になると結果が出ないという経験を何度もして、競馬場での馬づくりが気になったという。そこで、自分でもやってみたいと強く思ったのが、この世界に入るきっかけのひとつだったそうだ。

実は自分も育成場にいたときに、似たような経験をしている。育成場で完璧に仕上げた馬が競馬だと走らない。ただでさえ、一生懸命につくった馬をもっていかれる感があったので、結果が出ないと余計「仕上げたのに、なんなんだよ」という気持ちになった。そこへきて渡した先で「こんなんじゃ競馬じゃ通用しないよ」と辛辣なことをいわれる。締めの段階が自分たちではできないもどかしさや苛立ちが厩舎サークルに入る大きな動機になった。

角居氏にしろ自分にしろ、40年近く前の牧場や育成場にいたときの話なので、充実した外厩施設があちこちにある今とは単純な比較はできない。それでも、そういった施設で働くスタッフの中には「きちんと仕上げたのに…」と思っている者もいるだろう。

厩舎サークルに入って自分で調教をつけ出すと、自分がどれくらい無知であったかがわかる。牧場や育成場のときと競馬場では仕上げが2段階から3段階は違うのだ。やってみてそれを感じた。

「この馬は○○級だから」

○○には「重賞」「G1」「ダービー」などが入る。牧場や育成場でよくいわれる言葉だ。気持ちはわかるが、彼らが見ているのは少なくとも2段階は前の馬。ここからどう仕上げを施し、さらにどう変わっていくかはやってみないとわからない。例えていえば、いい砥石できちんと研いだ鉋(かんな)でないと、木材の表面をうすくきれいに削ることはできない。馬も同じ。厩舎サークルにはいい砥石で研いだ切れ味抜群の鉋がある。最後はこういった道具で削っていくことが欠かせない。

あるいは、タマネギの薄皮を1枚1枚丁寧に剥がしていくのにも似ている。繊細で手間のかかる作業だが、厩舎サークルでの仕上げとはそういうものなのだ。

馬の能力

仕上げさえ完璧ならレースでも結果が出せるかといえば、必ずしもそうはならない。根本的には自分たちが何かをしたからといって馬が変わるということはない。そこには「やれることはやった」という充実感や達成感はあるが、越えられない壁もある。それはその馬が潜在的にもっている「能力」だ。思い返してみると、走った馬の仕上げに手こずった記憶はない。逆をいえば多少仕上げが甘くても走る馬は走る。

どんなに一生懸命自分たちが仕上げても能力以上にはならない。悲しいかな、厩舎サークルでの馬づくりの結論でもある…とはいえ、その能力が見えないから競馬は成立する。

特殊な装置で馬の能力が数値化されて見えたら、自分たちの商売は上がったりだろう。

育成場の朝。これから調教へと向かう馬たち。
日高の育成場「ベーシカル・コーチング・スクール」にて。

Ｇ１レースのパドックに出てくるような馬はほぼ仕上がりきっている。優劣をつけなければならない評論家、目を皿のように見つめる競馬ファンも大変だが、薄皮１枚の差がわかる人が日本全国に何人いるだろうか。そもそも18番人気の馬だって、下のランクのレースに出れば１番人気なのだ。Ｇ１のパドックにいるということで、仕上げや能力はすでに保証されていると考えていい。

そもそも調教師の仕事としては、馬を仕上げ、レースや騎手を選ぶところまでで、パドックに馬が出たらあとはできることはない。いくら潜在能力のある馬を完璧に仕上げても、レースは生き物で結果はわからない。競馬はわからないからおもしろいと考えるしかない。

八方破れな馬

おいちゃんの部屋

２０２２年１回福島２日目第７レース４歳以上１勝クラス芝１８００メートル。最後方を進んでいた自厩舎のトーセンメラニーは３コーナーから徐々に進出。４コーナーを回って直線を向き、先頭集団を追う。鞍上、自厩舎の原優介騎手の鞭に応え、ゴール直前で差し切った。

地震の影響で無観客開催の福島競馬場。原騎手の雄叫びがスタンドの調教師席まで響く。

「重賞勝ったわけでもないのに、うるせえなあ」

誰ともなくいわれたので謝った。

「すいません、小桧山厩舎、今季初勝利なもので」

雄叫びもわからないでもないが、小さくガッツポーズぐらいにしてほしかった。

ただし、これには伏線がある。同日の福島５レースの障害未勝利戦で自厩舎のアンチエイジングが骨折の上、予後不良となってしまっていた。そのあとの勝利だったので、思わず声が出てしまったようだ。

こうして勝利をあげ、活躍する馬がいる反面、未勝利で終わる馬もいる。6月には新馬戦も始まる。厩舎の馬も入れ替わる。

自厩舎で新馬デビューを目指す「ハッポウヤブレ」は自分にとって特に気にかかる馬だ。父・ベルシャザール、母・ブルージャーニー。母父もカジノドライヴなのでこてこてのダート血統だ。２０２０年3月5日生まれの黒鹿毛の牡馬。

同馬の誕生日、２０２０年3月5日は、競馬ライターとして活躍した「かなざわいっせい」氏が亡くなったその日だった。

ここからは親しみをこめて、「いっせい」と書かせていただく。

いっせいはデビュー前、縁あって小桧山家に居候していた。その間、完全に家族の一員だった。自分はその才能に惚れこみ、当時あちこちの新聞社や雑誌社に売りこんで、マネージャーのようなことをしていた。やがて定期的に仕事が来るようになり、「予想家と厩舎関係者が一つ屋根の下では具合が悪かろう」とのいっせいの申し出により、同居を解消。それでもその後40年以上、親友としての関係は続いた。

２０２０年3月5日、いっせいは食道がんで亡くなった。享年65歳。あまりに早すぎるその死にショックを受け、打ちひしがれた。

遺骨は小桧山家で引き取った。家族もみんな賛成してくれた。子供たちは幼い頃「おいちゃん、おいちゃん」と呼んで慕い、長ずるに及んでは月に一度食事会を開いていた。ここ数年は自分より親しかったかもしれない。我が家の一室に「おいちゃんの部屋」を作り、遺骨を置いて家族で偲んだ。

業績を少しでも残したくて「かなざわいっせいの仕事」という単行本を作り、その年の12月に出版。中身の中心は、氏の代表作「八方破れ」からの抜粋だった。

馬でつながる

いっせいが亡くなったその日、ベルシャザールの牡馬が川上牧場で生まれたことを知った。川上牧場は、いっせいが「夏季限定牧夫」として長年通っていた縁の深い牧場だった。

「この馬はいずれ自分のところで預からねば…」

「生まれ変わり」ではないが、深い縁を感じた。

馬は自厩舎の馬主・本杉芳郎氏と江川伸夫氏が共同で所有してくれることになった。

馬名　ハッポウヤブレ

血統登録番号　20107135

2021年12月23日登録
第21 5257 号
日本中央競馬会

血統登録証明書

血統登録　令和　2 年生　第 0 7 1 3 5 号
血統登録年月日　令和　3 年　1 月 2 5 日
品　種　サラブレッド　性　雄　毛色　黒鹿毛
生年月日　2020　令和　2 年　3 月　5 日生
特　徴　珠目正・髪中・波分長・

マイクロチップ番号　392118010133446・

母馬所有者　住所　北海道新冠郡新冠町
氏名　川上牧場

生産牧場　住所　北海道新冠郡新冠町
氏名　川上牧場

産　地　北海道新冠郡新冠町　DNA型検体番号　R02H139

父 サラ ベルシャザール 02331 2008	サラ持込 キングカメハメハ	サラ Kingmambo
		サラ（愛） マンファス
	サラ マルカキャンディ	サラ（米） サンデーサイレンス
		サラ（米） ジーナロマンティカ
母 サラ ブルージャーニー 67524 2013	サラ（米） カジノドライヴ	サラ Mineshaft
		サラ Better Than Honour
	サラ トーヨーサンバ	サラ（米） ティンバーカントリー
		サラ（米） サンダードーム

令和　3 年　1 月 2 5 日

公益財団法人ジャパン・スタッドブック・インターナショナル
JAIRS Japan Association for International Racing and Stud Book

ハッポウヤブレの血統登録証明書。

江川伸夫氏は美浦トレセン近くで、育成場「井ノ岡トレーニングセンター」を経営していた。実はいっせいと初めて知りあったのはそこだった。当時は調教助手と育成場のスタッフという関係だった。

馬名登録の時期になって「いっせいにちなんだ名前を」ということで、みんなで考えた。すでに同じ二人の共同所有で「ドモナラン」という馬がいた。いっせいが得意としていたフレーズから「コキコキビール」「ジェットフンシャ」なども候補にあがったが、結局「ハッポウヤブレ」となった。

入厩を楽しみにしていたが、登録の際にトラブルがあり、2021年12月と遅くなった。すでに書類処理上では「八方破れ」なことを経験していた。

こうしていっせいを巡る人たちが一頭の競走馬で

つながった。そんな馬なのでなんとかデビューまでこぎつけたいと思い、今もトレーニングしている。

遺骨の方は三回忌法要を済ませ、いっせいの出身地・兵庫県姫路市のお寺に納骨した。これでいっせいも天国に席を確保したはずだ。きっと、かの地でも馬券発売はあるだろう。自分由来の馬の馬券は買うのか、買わないのか。

すでにデビューしたドモナランは5戦して12着が最高と「どもならん」状態が続いている。こちらの方もどこかで「ジェット噴射」してくれないかと思っている。

地方から中央へ

認定馬房

基本的に競馬に中央も地方もないと思っている。どちらに所属していようとホースマンとしてやることは同じだ。ただ規模やシステムは違う。それが生む経済的な格差は大きい。それでも50年以上前、南関東・大井競馬場の年間売上が中央より多い時代もあった。今の若いファンは想像もできないだろう。

小桧山厩舎280勝（2022年4月17日時点）のうち、74勝は地方の交流レースであげたものだ。交流競走の制度ができたのが1994年、小桧山厩舎開業が1996年で初めて交流を使ったのが同年8月の船橋だった。開業当初から交流競走には積極的に進出。多い年は110回も使い、「毎日どこかの競馬場で小桧山厩舎の馬が走っている」ともいわれた。中央の調教師にもかかわらず、2015年には地方交流戦1000回出走でNAR（地方競馬全国協会）で特別表彰を受けた。それやこれやで地方とのパイプは太い。中央で活躍できなかった多くの馬を地方へ送り出した。

もちろんその逆もある。

地方からも多くの馬を受け入れた。いわゆる○地（まるち）馬だ。中には認定馬（ＪＲＡが認定した地方競馬の競走などに勝った馬）もいた。今はなくなったが、その昔は認定馬になると中央の認定馬房が使える権利が馬主に与えられる制度があった。中央の免許をもっている馬主は、認定馬房をもっている調教師のもとに馬を預ければ、馬はすんなり中央へと移籍ができた。25年前、この制度を利用して開業当初の小桧山厩舎に移籍してきた馬にミサトロゼがいた。

ミサトロゼは実は地方からいきなり小桧山厩舎に来たわけではなく、最初は堀井厩舎にいた。７戦して最高着順が５着となかなか目が出ず、抹消が決まっていた。

「どうしても抹消するというなら、俺にちょーだいよ」

堀井師に頼んでいた。馬主の戸部洋氏も、自厩舎の馬主・江川伸夫氏と親しかったのでよく知っていた。ただ、話がついたのは、まさに今から抹消するということで馬運車に積みこむ直前のことだった。

なぜこの馬に固執したかというと、当時引退間近の菅原隆明騎手のお手馬だったからだ。菅原騎手は自分が調教助手時代に所属していた畠山重則厩舎の騎手だったので親しい間柄だった。なんとか彼に乗ってもらいたいと思っていた。

1998年2月25日船橋の地方交流レースで勝ったミサトロゼ。

自厩舎に移籍してきたミサトロゼだったが、結局のところ菅原騎手が乗ることはなく自厩舎で12戦して3着に1回来ただけ。もとの水の方が合うかと思って川崎の地方交流戦に使ったが結果は8着。次に船橋の交流戦に使うべく、申しこんだ。

武騎手で万馬券

世の中は何が幸いするかわからない。
同日船橋でグレード競走があり、船橋の名門・川島正行厩舎が武豊騎手に騎乗を依頼していた。当時中央の騎手は交流指定競走に乗っていないと、地方の重賞レースには出られなかった。たまたま武騎手が乗る予定だった交流指定競走の馬が選にもれてしまい、同騎手の地方重賞レースの騎乗が浮いてしまった。

申しこんでいたミサトロゼが入ったので、ダメ元で武騎手に頼んだところ、上記の事情で乗ってくれることになった。武騎手が乗ったにもかかわらず、ミサトロゼは9番人気。ところが結果は2着。馬連は2万円越えの万馬券だった。当時、武騎手騎乗の馬は実力以上に人気なるのが普通。武騎手が絡んで馬連万馬券は考えられない出来事だった。

ミサトロゼ自身もこの2着のあとにガラリ一変。次戦の地方交流戦を武幸四郎騎手で勝利した。実はこれが小桧山厩舎の地方交流戦初勝利になる。翌1999年には中央の500万クラス(今の1勝クラス)で連続6回2着を記録した。7回目があるか、というところでついに武騎手で3勝目をあげた。

勝利は嬉しかったが、「あ〜あ」とも思ってしまった。

勝つに越したことはないが、上のクラスではとても目処が立たない、ということも明白だった。この「あ〜あ」にはいろいろな気持ちがこもっていた。

結局ミサトロゼは2000年に引退するまで中央所属で45戦して3勝。5000万以上稼いでくれた。開業したての小桧山厩舎ではエース級の活躍をしてくれた。「人間万事塞翁が馬」を地でいく話だが、文字通り○地の馬でも思わぬ拾い物がある。こんなところも「競馬に中央も地方もない」と思う所以である。

ひそかな内規

引退して乗馬へ

「自分のところに在籍した馬で、通算50戦以上した馬は一生面倒を見る」。自分の中でこっそり小桧山厩舎の内規としている。50戦以上した馬の情報は、競走馬引退後に乗馬クラブや大学の馬術部などへ行ったあとも把握するべく努めている。その意味では今でも自分の保護観察下にある。つい最近引退したニシノベイオウルフもそんな馬の1頭だ。

ニシノベイオウルフは2015年生まれの黒鹿毛の牡馬。2017年にデビューし、平場で22戦。その間1勝。その後障害に転向し、31戦して2勝。最後の1勝は2021年12月。10頭立ての9番人気で単勝は万馬券だった。このレースの前にすでに引退は決まっていたが、勝ってくれたことでさらに2戦使えた。通算53戦3勝。見事に内規にあてはまる。

自分で引き取りたい旨を西山茂行オーナーに伝えると「最後まで面倒を見てやってくれ」といわれ、譲渡された。

リトレーニングのため、井ノ岡トレーニングセンターに預けた。30年以上付き合いのある自厩舎の馬主、江川伸夫氏が経営する育成場である。当初から引退しても乗馬になれるとは思っていた。

井ノ岡トレセンには、自厩舎のスタッフから調教師になった青木孝文師の息子さん智紀君など、騎手を目指す厩舎サークルの子供たちが乗馬に来ていた。ニシノベイオウルフは、引退直後なのに彼らが乗れるほどおとなしかったのである。

子供たちも熱心に面倒を見てくれていたので、なんとか引き続き乗せることができないか、思案した。

彼らはＪＲＡが管理する美浦の乗馬苑でも乗っている。そこに預けることができたら話が早い。ＪＲＡに話をしたところ、幸い、特例として美浦トレセンに所属し、乗馬苑に行けることになった。自分としては最高の寄贈先が確保でき、一安心している。将来の騎手を目指す子供たちのためにニシノベイオウルフが貢献してくれたら、これほど嬉しいことはない。

馬でつながる

2018年、新潟で初勝利を挙げたときのニシノベイオウルフ。

ニシノベイオウルフのケースは例外中の例外だと思う。たまたま乗馬になれる資質が高かったから可能だった。引退競走馬すべてにあてはまる話ではない。それでも50戦もできるような馬は気性的な問題は少ない。その分、乗馬になれる可能性は高い。それゆえに小桧山厩舎の内規が成立する。

２０２１年に引退したフッカツノノロシも、井ノ岡トレセンでのリトレーニングを終え、最近高崎の乗馬クラブに移った。中央で51戦(地方交流レースを含む)地方でも40戦近くのキャリアがある。中央の51戦は小桧山厩舎所属馬としてのものなのでこれも内規にあてはまる。

実はフッカツノノロシの場合は、通常とは異なるパターンとなった。オーナーの福田光博氏と話し合い、5年間の無償リースで乗馬クラブに貸し出すという形をとったのだ。

乗馬クラブ側も馬の購入代金が不要で、使うのが難しければ自由に返せるというメリットがある。うまく機能すれば、競走馬引退後、乗馬として第2の可能性を開くにあたって新しいスタイルとなるかもしれない。

今のところ福田氏は、無事5年間の無償リース期間が終わったら、今度は養老牧場に預けることを考えている。いかに長く活躍したとはいえ、馬にとってもここまで面倒をみてもらえれば充実した馬生といえるだろう。

自厩舎で9戦して引退し、母馬としてベンチャーナインなどの活躍馬を出したグラッドハンドは、繁殖牝馬を引退したのちも、オーナーの本杉芳郎氏が養老牧場へと預けた。馬生としては申し分ない。

引退競走馬をめぐる環境は昔とはだいぶ変わってきた。リトレーニングのための組織や施設ができ、NPOなどの活動も盛んだ。引退後そういったシステムを利用する方法もあろう。だが自分としては、関わった馬に関してはあくまで自分が面倒をみたいと考えている。平たくいえば「身銭を切る」ということだ。馬主さんからいわれた場合でもまずその覚悟をもってもらう。馬は経済動物だ。引退しても生きている限りお金はかかり続ける。身銭を切る覚悟がなければ引退後の処遇に口を挟むべきではないと個人的には思っている。今後も自厩舎の内規を生かすような馬が現れることを願っている。

ラジオ出演での出来事

反響は続く

「尾形藤吉～競馬界の巨人が遺したもの～」を２０２２年4月に年出版してすでに2ヶ月が経過した。厩舎サークルの関係者からはいろいろ声をかけていただいている。幸い、先輩や同年代の仲間からは「よくやった」とお褒めの言葉をいただき、若い人からは「知らないことがたくさん出てました」と驚かれた。ときには「これ、違ってませんか?」と指摘を受けることも。それはそれでありがたい。さらに精査して、今後に生かしたいと思っている。

概ね高評価をいただいている中、ラジオから声をかけてもらった。番組はラジオＮＩＫＫＥＩの「地球は競馬でまわってる」。金曜日の20：30～21：00にオンエアされる鈴木淑子さんの競馬番組だ。

6月某日、スタジオのある虎ノ門に行き、収録に臨んだ。

淑子さんとはもちろん競馬場でよく会う。この世界で長く活躍されているのに、愛されるキャラクターや競馬に対する深い愛情は今も変わりない。10年以上前に、たまたま飛行機の席が近くて親しく話す機会があり、それ以来、「友だち感覚」でいる。

収録時には、よく知った顔が他にもあった。一人はディレクターの酒井純氏。もう一人は競馬実況のアナウンサー佐藤泉氏。どちらも30年以上の付き合いでよく知った間柄だ。

そんな気のおけない仲間たちが担当している番組ということもあり、収録前、ひとしきり雑談で盛り上がってしまった。

収録が始まる。淑子さんが特集タイトルをコールする。「調教師なのに作家?小桧山悟さんに伺う　名伯楽・尾形藤吉さん!」。クエスチョンマーク入りだが、「作家」というのは気恥ずかしい。本は出しているものの、素人の雑文書きの域は出ないので、本職に申し訳ない。

その後は事前に渡された台本にそって受け答えしていくのだが、どうしても話があちこちに飛ぶ。収録後に編集するということだったので、自分としては話せるだけ話して、あとでまとめてもらえればいい、というつもりでいた。

話すことは苦手ではないので、台本などは目を通す程度だ。内容はいつもその場で考える。たまに講演を頼まれることもあるが、話を聞いてくれる方の反応をみながら、内容は変えることにしている。ラジオで

無事、収録が終わって、鈴木淑子さんと記念撮影。

もそこは同じだ。

いきおい、流れによっては少々話が脱線気味になることもある。本日は前・後編の2本録りとのことなので、話題は多い方がいいかな、という意識も働き、多めにしゃべった。

いわずもがな

「尾形藤吉さんと実際にお話しされたことはあったんでしょうか?」

質問が飛ぶ。

自分がJRAに入ったのが1981年3月。尾形先生が亡くなったのがその年の9月。同じ空間にいたのが、わずか半年の上に、天上人と新人では話すどころではない。

「3メートル以内には近づけませんでした」

会話こそできなかったものの、それでも「生きた尾形藤吉を見た」といえるのは幸せなことだった。

実はもっと以前に先生を見ている。学生アルバイトで競馬場に出入りしていた1970年代始めの頃だ。所属馬が見たくて尾形厩舎の近くをぶらぶらしていた。遠目に何回かお見かけした。

先生が厩舎にいるのか、いないのかは外から見てもすぐにわかった。厩舎に漂う空気が違うのだ。先生がいるときの厩舎の雰囲気はピリッと張り詰めて、スタッフの緊張感が厩舎外にももれ出ている感じだった。それに比べれば、先生がいないときはどうしても弛緩する。

今思えば、同じ競馬界の偉人ながら、海外競馬留学時にお世話になったレスター・ピゴットの厩舎とはまた一味違った。ピゴットの厩舎は、スタッフが、大好きなピゴットを下から支えるイメージだったが、尾形厩舎は人にも自分にも厳しい先生にとにかくついていくといった印象だった。両氏の個性の違いがそうさせたのだろう。

淑子さんの質問にそんなことを思い出し、当時の尾形厩舎の雰囲気などをしゃべらせてもらった。

「ほんとは自分の仕事ではありません。もっと前に競馬マスコミの人たちに尾形藤吉という偉人を取り上げてほしかった」

出版のきっかけを聞かれたときにそういった。マスコミの人たちを目の前に苦言を呈する形になってしまったが、自分の本音だ。「どこかで自分以外の人が書いてくれたら、もっといいものができたのではないか」という思いがある。

淑子さんの番組ということで、つい「いわずもがな」のことまでいってしまった。カットされると思いきや、しっかり使われていた。聴いた関係者には「皆さんを愛するがゆえの言葉」と受け取ってもらいたい。

負けたけど…

雨よ降れ

２０２２年7月10日七夕賞の朝。連覇のかかるトーラスジェミニを送り出すべく、福島競馬場の調教師寮に前泊した。朝、いつものように寮備え付けの浴場へ。そこで、国枝栄師、武藤善則師に会う。

「先生、息子を乗せていただきありがとうございます」

武藤師が国枝師に話しかける。国枝厩舎からはアンティシペイトが七夕賞に参戦。鞍上は武藤雅騎手だ。

「勝てるといいよね」

同馬は有力馬の1頭で2番人気。当然の発言だ。

「俺もディフェンディングチャンピオンだからね。忘れないで」

２人の会話に割って入る。

勝負前だが、ゆったりと湯船に浸かりながら、３人でそんな会話をしていた。

昨年トーラスジェミニで同賞を制して早一年が経つ。その後の成績が今ひとつで胸をはっての参戦とはいかないが、出る以上は連覇したい。今年は鞍上が原優介騎手となったし、重賞で自厩舎の馬に乗ってどこまでやれるか、そんなところも注目していた。

ただ、逃げ馬の宿命で結果は天候や展開にも左右される。連覇は至難の技であることも十分承知していた。実は去年、勝っても悔しい思いをしている。コロナの影響で表彰式ができなかったのだ。再来年に引退を控える身としては重賞を勝つチャンスはそうそうない。ぜひやってもらいたかったのだが…。

七夕賞レース前のパドック。遠くで雷鳴が聞こえた。当日、競馬場付近には大雨警報が出ていた。

「雨よ降れ」

空を見上げながら祈っていたが、いっこうに降る気配はない。

馬場入場から返し馬。空は相変わらずだ。そうこうしているうちにゲートが開いた。

調教師席からレースを見つめる、向正面では逃げるロザムールの2番手につける。

「ここまでは去年と一緒だね」

ロザムールの管理調教師・上原博之師とそんな話をした。

ただ5ハロンの時計を見た瞬間、「終わった…」と思った。びっくりするほど早かったのだ。結果的には、昨年の決着タイムが2：02：2、今年は1：57：8。約5秒も早い。逃げ馬にはあまりに厳しい展開。しんがり16着も致し方ない。

ところが、ここからが忙しかった。

プランB

ＪＲＡには「臨場業務代行」という制度がある。調教師が競馬場へ出向いて管理馬の出走するレースに立ち会うことを「臨場」というが、やむ得ない事情がある場合、申請すれば調教助手や他の調教師に立ち会ってもらうことができるのだ。自分のように出走数の多い調教師は頻繁にこの制度を使う。3場開催で3場とも出走させていれば、身は一つしかないだけに利用せざるを得ない。調教師同士は貸し借り感覚で、頼むことがあれば頼まれることもある。

この日の福島でも何人かに臨場を頼まれていたが、たまたまそのうちのひとりが森秀行師だったのだ。七夕賞の勝ち馬エヒトの管理調教師。したがって、勝ったあとのことは自分が代行するはめになった。

これも偶然なのだが、エヒトの馬主・平井裕氏は自厩舎の馬主さんでもある。中央競馬の馬主としてすでに100勝を挙げていたが、重賞勝ちは初だった。

鞍上の田中勝春騎手も3年ぶりの重賞勝利。普段から親しく、冗談を言い合うような仲だ。

「おめでとう。引退しなくてよかったね」

検量室にもどってきたとき、そんな祝福の言葉をかけた。

田中勝春騎手もすでに50を超える。同じような世代の蛯名正義師が引退して調教師になっており、同騎手もすでにそういう時期に入っていた。

表彰式が始まる。プレゼンテーターはJRAのCMにも出演している見上愛さん。自分も管理調教師代行で一緒に写真におさまる。

もちろん負けたことは悔しいが、それを引きずっていたのでは調教師はつとまらない。臨場代行を受けた以上、勝てばセレモニーにきちんと参加するのも業務のうちだ。「去年出られなかったのだからこの表彰式はその代わり」ということで、自分を納得させた。

連覇は逃したものの、いわば「プランB」として表彰式はやれた。これはこれで現役時の思い出としておこう。

チーム小桧山

酒の肴

毎年のことだが、夏の北海道での開催となると、厩舎スタッフを長期で出張させることになる。そんなとき、慰労を兼ねてスタッフや関係者と飲むこともある。メンバーはその都度変わるが、楽しく飲むことだけを基本にしている。もちろん飲んで説教などという野暮なことはしない。

今回のメンバーは、自厩舎の高野舜調教助手、原田和真騎手、競馬ブックの赤塚俊彦トラックマンの3人。札幌競馬場近くの行きつけのお寿司屋さんで日頃の垢を落としてもらった。

高野助手は若手だが攻め専として厩舎を引っ張ってくれている存在だ。原田騎手はフリーなので所属ではないが、昔から調教を手伝ってもらい、競馬でも自厩舎の馬にたくさん乗ってもらっている。高野助手と原田騎手は競馬学校の同級生で仲がいい。赤塚トラックマンには、関連業務を手伝ってもらっている。レースや騎手の最終的な選択は自分が行うが、そこに至る過程は赤塚氏の情報が頼りだ。いわばレーシングマネージャーのような役割を負ってもらっている。

いずれも小桧山厩舎には欠かせない存在だ。いわば「チーム小桧山」のメンバー。気のおけない仲間たちといえる。

もちろん馬や競馬が話題の中心だが、飲むほどに酔うほどにバカ話の類が多くなってくる。特に「笑える失敗談」は最高の酒の肴だ。今回は「『高野助手ゲート試験で落馬』事件」が美味しいお寿司とともにカウンターに供された。

本人の名誉のために先にいっておくが、馬乗りとしての高野助手の技術は高い。正直、若い頃の自分を超えていて、その点では嫉妬したくなるほどだ。

ゲート試験でのことだ。試験では、中できちんと駐立できるか、扉が開いたらスタートできるか、スタート直後によれて他馬を妨害したりしないか、などがチェックされる。この日の高野助手の馬はまず試験には落ちようがないと思われていた。

ゲートが開いて馬たちが勢いよく飛び出す。ところが2歩目ぐらいのところで高野助手が落ちた。馬がよれたようには見えなかった。本人はすぐ立ち上がったのでけががなかったことだけは確信できた。

申し訳ないが、その瞬間、含み笑いが止まらなくなった。本人が無事であれば、上手な奴が起こすシンプルなミスほどおもしろいものはない。

「人は落ちたけど馬はなんにも悪くないから試験だけ受からせてくれない？」

試験官の担当者に半ば冗談で頼んでみた。もちろん言い分が通るはずもなく、後日再試験となった。

「その日の夜は悔しくて眠れませんでしたよ。『なんであんなところで落ちたんだろう』って」

本人の弁だ。

「舜、今度は落ちんなよ」

その日から、ゲート試験のたびに周りから煽られてたまらなかったそうだ。周りも彼が上手いのを知っているからそういう言葉になる。

本人の了解は得ていないが、飲み会のバカ話の例として書かせてもらった。

厩舎サークルで働いていれば、いろいろなことが起きる。けががなければ、あるいは本当に人を傷つけることがなければ、それは笑い話にできる。酒の席でのそんな話がストレス発散や明日の英気を養うことにつながれば、飲み会を開いた甲斐がある。

いなくてもいい存在

（前列左から）赤塚トラックマン、原田騎手、高野助手。「チーム小桧山」の面々。

厩舎を構えて30年近く。理想の厩舎を求めてきたが、諸般の事情でなかなかできなかった。ここ10年の間でかなり近づき、最近はほぼ完成形といってもいい。残念ながら調教師の定年まであと1年半しかないのでできあがったところで引退となる。

自分が目指す理想形は「自分がいなくてもまわる厩舎」だ。そのためには、スタッフひとりひとりが自分の頭で考え、業務を進めてくれるのが望ましい。そうなってもらうためには、ともかく信頼して任せるしかない。その点では、調教師としての仕事は一つしかない。あらゆるトラブルに対処すること。それも最速、最短、最適で。自分はそれを心がけている。

「最後はテキが責任をもってくれる」。その安心感がないと、スタッフは自分の頭で考え、行動することをためらってしまう。人任せ、状況任せでは、よい仕事はできない。

こうして楽しく杯を重ねる3人も、厩舎の中で自分が「いなくてもいい存在」になるために必要な人材だ。彼らに気持ちよく仕事をしてもらうために今日もここにいる。

人を預かる覚悟

自厩舎の出自

「境先生も師匠のことを尊敬していたんだなあ」

たまたま見ていた古い競馬雑誌で境勝太郎先生の談話を読んだ。最初の師匠・清水茂次先生との思い出話が書いてある。厳しくも愛情を持って弟子を育てた師匠と、終生、尊敬と感謝の念を抱いていた弟子の関係を彷彿とさせる、いい話だと思った。

境先生は戦前の1930年代から騎手として活躍し、戦後は皐月賞、天皇賞などを勝ち、通算で500勝以上をあげた。1966年に関東の調教師となり、通算656勝(うち重賞は53勝)。ダービーや天皇賞などG1を11勝もしている。昭和を代表する名調教師の1人だ。

先生が引退した後、境厩舎のあった南F7に入ったのが自分だった。昭和を代表する名調教師が使っていた厩舎とあって恐れ多かったが、縁起がいいとも感じた。2019年に始まった美浦トレセンの大改修にともない、厩舎は今の西8に移ったが、それまで24年、使わせてもらった。

自分も2024年2月には調教師引退。気づけば境先生が厩舎を明け渡した歳に近づく。

引退も間際になって、2016年の青木孝文師を皮切りに、2019年小手川準師、2021年堀内岳志師と3人の調教師、所属騎手として高野和馬、山田敬士、原優介の3騎手と弟子だらけになった。清水先生と境先生ほどの絆があるかどうかは不明だが、「あとは任せた」と道を託せる後進がいることは事実だ。

さらにはおそらく最後の弟子となるであろうJRA競馬学校3年生の佐藤翔馬も控えている。現役最後の2023年がどんな年になるか、楽しみでもある。

師匠と弟子の関係

清水先生は境先生を「あんちゃん」として預かったとき、厩舎の有力馬に積極的に乗せたという。いい馬に乗せ、早く一人前にしよう、という意欲の表れだったかもしれない。

こんなパターンもある。

美浦トレセン南F-7の昔の厩舎の前で。

先日、佐藤翔馬の件で競馬学校の教官と電話で打ち合わせしたとき、たまたま来ていた五十嵐冬樹師と話をした。同師は2022年騎手を引退し、その後、調教師試験に合格（2023年道営で開業予定）。娘のひなさんが昨年競馬学校に合格した関係で来校していた。

五十嵐師が騎手としてデビューしたての頃の話である。道営の地方交流戦で乗ってもらおうと、五十嵐騎手の師匠・桑原義光調教師に連絡した。

「先生のお弟子さんに乗ってもらおうと思っているんですけど」

というと、

「うちの冬樹は、将来道営でナンバーワンになる騎手だ。でも今、中央の馬に乗せたら天狗になるかもしれない。そういう危ない要素をもっているから申し訳ないが今はだめだ。もっとうまくなってから乗せてやってくれ」

といわれた。

目先のことより将来を見据えた一言に弟子への深い愛情と人を預かる覚悟のようなものを感じた。

この話を当の本人に伝えると

「桑原先生はむちゃくちゃ怖かったですけど、そんなことをいってくれてたんですね」

と驚いていた。

「師匠というのはそれぐらいのことを考えてなきゃ、弟子なんか育てられないぞ」

調教師として新たな一歩を踏み出す同師に餞がわりにいわせてもらった。

人の話ではないと思う。弟子として預かった限りは、本人に合った最高の環境を整えてやりたい。競馬界に限らず大成した自分の弟子のことを「俺が育てた」という人をみかけるが、環境を整えるところまでが師匠の仕事で、育つのは本人だ。本人が伸びようとしないかぎり、成長はない。

思えば自分も、師匠の畠山重則先生から何かをいわれた記憶はほとんどない。調教助手時代から自分で決め、自分のやり方で仕事をしていた。何もいわれなかったことがどれほどありがたかったか、今となるとその価値がわかる。いわれないから自分の頭で考えるしかなかった。

競馬界も以前に比べれば師匠と弟子の関係は薄くなった。「無理偏にげんこつ（理不尽な徒弟制度を表した言葉）」の世界もあるが、人の世の基本的な関係だとも思う。弟子たちには藍より出でて藍より深い青になってほしいと切に願う。

青森の馬産

文化財となった大厩舎

仕事で久しぶりに青森・七戸に来ている。

七戸はかつて青森の馬産を支えた中心地だった。今でこそ、馬産といえば北海道・日高地方というイメージだが、1950年代から1960年代始め、北海道と競ったもうひとつの馬産地が青森だった。当時は、200以上の牧場がサラブレッド生産に従事していたという。

青森の馬産をリードしたひとつが、戦前からサラブレッドを生産していた盛田牧場。戦前の最高峰・帝室御賞典(今の天皇賞)を二度も制すなど活躍した。戦後、農地解放策などで存続の危機に立たされたが、関係者の尽力により復活。生産馬からはトサミドリ(1949年、皐月賞と菊花賞)、ヒカルメイジ(1957年日本ダービー)、コマツヒカリ(1959年日本ダービー)など名馬を輩出した。尾形藤吉先生が管理し、1963年の菊花賞を制したグレートヨルカも同牧場の生産馬だ。

ただし、60年代も後半になると北海道産馬に押され、青森の馬産そのものが徐々に衰退していく。盛田牧場もサラブレッドの生産は2006年が最後となり、現在は盛田家の手を離れ、牛を中心とした畜産牧場となっている。

それでも建物については、「現存する日本最古の競走馬育成厩舎」として修復され、国の登録有形文化財として一般にも公開されている。

現地に赴いた。今も厩舎として使われている長さ34メートルにも及ぶ長大な茅葺き屋根の建物は、母屋と家畜の厩舎がL字型に配置されている。1912年に建てられた同厩舎は、同地の伝統的な建築様式「南部曲屋(なんぶまがりや)」を踏襲している。いかにも当時の大厩舎といった佇まいで、尾形先生が活躍されていた時代、多くの名馬がここから巣立っていったかと思うと感慨深い。

アポなし訪問

「こんにちは。どなたか、いらっしゃいますか?」

玄関口で叫ぶ。特に連絡は入れていないのだが、旧知の間柄なので、「もし居ればお会いしておこう、居なければ、次の機会に」という気持ちだった。

実は急に思い立ってのアポなし訪問は結構多い。連絡してその時間に居てもらうのもなんだか気がひけるし、予定しても行動が変わってしまうことも多いので、致し方ない。

「おや、珍しい」

奥から出てきたのは、諏訪豊蔵氏。久しぶりの訪問だった。

１９７０年代に入り、徐々に衰退期に向かった青森の馬産の中で、ひとり気を吐いたのが諏訪牧場だった。１９７３年に稀代の名馬が誕生したのである。グリーングラスだ。１９７６年の菊花賞で、彗星の如く現れ、勝利。トウショウボーイ、テンポイントとともに３頭の頭文字をとった「ＴＴＧ」時代の一翼をになって、ハイセイコーが引退した後の競馬ブームを支えた。その後は、２００１年にタムロチェリーがＧ１阪神ジュベナイルフィリーズに勝利。最近では２０２０年のダイヤモンドステークスを勝ったミライヘノツバサも同牧場の生産だ。実は盛田牧場と諏訪牧場は隣り合っている。諏訪氏とはセリなどで会ってよく話をさせてもらっていた。ここまできて挨拶もなしというのもどうかと思い、アポなし訪問となった。

手土産がわりに拙著「尾形藤吉〜競馬界の巨人が遺したもの〜」を差し上げた。

「尾形先生が晩年の頃、うちの馬でも勝ってるよ」

青森県上北郡七戸町にある旧盛田牧場・南部曲屋厩舎(国の登録有形文化財)。

諏訪氏が、壁に飾られた古い口取り写真を指差した。確かに尾形先生が引き綱を持って立っている。1979年同牧場の生産馬で尾形厩舎のハザマファーストがクイーンステークスを勝ったときのものだ。ひとしきり昔の話や今の状況など、よもやま話をするうちに時間が経ってしまった。アポなしで来ているのだから、あまり長居をするわけにもいかない。

青森の馬産をめぐる牧場の状況は非常に厳しいが、「いけるところまでいきたい」と諏訪氏は語る。ほぼ自分と同世代なので、気持ちはよくわかる。簡単に復活できるものではないが、やめたらすべてはそこで終わり。盛田牧場と同じく歴史の闇に消えてしまう。明るい未来を願うばかりだ。

Note of My Horse Research

第3章

Note of My Horse Research

人の世の習い

金属の匠が生み出したアート

ユニークな作品群

閑静な住宅街の一角にあるこじんまりとした美術館は約50点ほどの立体造形物にあふれていた。動物のモチーフが多い。昆虫やカエルといった小型の作品から飛翔するタカといった大型の作品まで。中でも馬に関する作品はその生き生きとした姿が目をひく。

素材はいずれも金属だ。叩いて曲げ、微妙なカーブをもったパーツを作る。溶接して、組み合わせる。焼きを入れ、独特の色合いを発する光沢を出す。全体としてはどこかユーモラスな、動物がモチーフでありながらどこか人間くさい、造形物ができあがる。

これらユニークな作品を生み出したのは正野豪勇氏。かつて美浦でも指折りの装蹄師だった匠の、華麗な引退後の姿だった。

正野豪勇氏は１９４２年生まれで78歳（取材当時）。15歳で装蹄の世界に入り、以後半世紀にわたり、美浦トレーニングセンターで多くの馬の蹄鉄を打った。自分も畠山重則厩舎の助手時代から調教師開業後同氏が引退するまで散々お世話になった。その匠の技と誠実な仕事ぶりには何度も感心させられた。1976年には全国装蹄競技大会優勝。JRA優秀装蹄師賞7回受賞など輝かしい経歴をもつ。

もともと絵画を趣味とするなどアートへの興味はあったそうだが、2004年ごろから使わなくなった仕事道具や廃棄された機械の部品を利用した造形物を手がけるようになった。装蹄師引退後は茨城県稲敷市の自宅で工芸作家として作品づくりに打ち込む。

ちなみに装蹄師としての技は息子さん2人に引き継がれ、両人とも装蹄師として美浦トレセンで活躍。自厩舎の馬たちの装蹄もお願いしている。その技術と仕事ぶりは父親譲りで、馬の脚もとについては安心してすべてを任せられる。

パーツは語る

「金属パーツの表面を見てください。三角の細かい突起があるでしょ。実はこれ仕事で使ってたヤスリを切ったものなんですよ」

正野氏は語る。

なるほど、よく見れば蹄を削る際のヤスリの表面だ。独特の質感が作品の味となっている。他にも装蹄の道具であるペンチが鳥のくちばしに変わっていたり、蹄鉄を溶接して馬の頭部を表現した作品があったり、と装蹄師時代に慣れ親しんだ道具や素材などから作られたものがある。

「ほかにネジやボルト、ベアリングなど、もともとの形を生かして構成した作品もあります」

タコの足のイボはボルトそのものだし、カエルの楽団が弾くバイオリンやコントラバスはベアリングや歯車で作られている。

「いろいろなところから不要になったさまざまな金属パーツをいただきます。それらを見ているとその形や質感からイメージが広がり、作品のアイデアが湧いてきます」

とは正野氏の弁だ。

ユニークなアイデアの源泉が、機械の中できちんと機能してきたパーツにあることも興味深い。役目を終えたパーツに新たな息吹が注がれた点も作品の彩りになっている。

金属は焼きを入れることで独特の光沢が生まれる。同じ鉄といいながらわずかに含まれた不純物の量によって焼き入れ後の色味が微妙に異なるためだ。複雑な色の構成は作品の個性を確立する重要な要件にも

ペガサスをモチーフにした正野氏の作品。

なっている。

材料が発する声に耳を傾け、作品へと昇華させる過程は、一頭一頭の馬の脚もとを観察し、適切に蹄を削りつつ、蹄鉄を打ち、履かせる作業と似ているのかもしれない。

そうだとしても装蹄の技術をアートに生かそうという発想は普通出てこない。こんな人が、厩舎サークルから現れるなんて衝撃的だ。馬の脚もとでもくもくと作業する当時の正野氏の姿からは想像もつかない見事な転身ぶりには「尊敬」の2文字しかない。

これからもお元気で作品づくりに励んでいただければ、と思う。厩舎サークルから現れた異能の才を今後も応援していきたい。

青い雲が流れる牧場

カメラマンから牧場のオーナーへ

２０２１年９月末、北海道・日高町の碧雲牧場のオーナー・長谷川敏氏が亡くなったのはショックだった。数年前にガンを患ったと聞いた。覚悟はしていたものの、一緒に競馬の世界で生きてきた「戦友」でもあるので、思いは強い。享年75歳。もっと活躍してほしかった。

長谷川氏は早稲田大学卒業後に映画撮影のカメラマンになった。転機は１９８０年。巨匠・黒澤明監督の「影武者」の撮影に参加したときに訪れた。

合戦シーンでは多くの馬が使われた。カメラマンとして馬を撮影したり、間近に接したりするうちにその魅力に取り憑かれた。撮影終了後もカメラマンとして競馬四季報などを出版している「サラブレッド血統センター」の仕事に関わる。自分もその頃学生ながら同社に出入りしていて、そこで知遇を得た。

やがて生産に興味をもち、白井牧場で修行。その後北海道・門別町にあった柏台牧場で場長となる。

1987年の宝塚記念を制したスズパレードや、オグリキャップ・イナリワンとともに「平成の3強」といわれたG1・3勝馬スーパークリークなどの生産に関わった。スーパークリークは武豊騎手にG1初勝利をもたらした馬でもある。

1991年、40歳のときに大学時代の仲間3人と日高町に土地を買い、帯広畜産大学の「碧雲寮」から名前を取り、「碧雲牧場」をスタートさせた。「碧雲」とは「青みがかった雲」を表す。

自厩舎の牝馬を繁殖にあげるとき、よく預かってもらった。一時は「小桧山牧場」といわれるぐらい、自厩舎から行った繁殖牝馬ばかりだった時代もある。自厩舎では、グレートマーシャル、フォーミー、ドラゴンビューティ、スマートルピナスなど、同牧場生産馬が活躍してくれた。

志村けんさんとの出会い

長谷川さんとの思い出につながる人物に志村けんさんがいる。

厩舎開業まもない頃、長谷川さんを含め、麻布十番のふぐ屋さんで宴会をしていたとき、たまたま来店していた志村けんさんに出会い、意気投合した。そのうちに志村さんの方から「自分も馬に関わりたい」と申し入れがあり、それなら馬主になってもらって、長谷川さんが生産した馬を小桧山厩舎に預けて走らせよう、という話になった。

馬主・志村康徳(本名)&生産・碧雲牧場の馬を10頭近く預からせてもらった。ダイジョウブダア、トノノオナリー、オサキニシツレイなど、おなじみのギャグを冠したユニークな馬名が多かった。ただ、勝ち運に恵まれず、他の厩舎も含め、中央で勝ったことはなかった。

「なんとか、志村さんに中央1勝を」

と思っていただけに、コロナ禍で2020年3月に急逝されたときは、非常にショックだった。

出走前後、輸送や休養など、区切りとなるときの電話は相手が有名人でも必ず本人にすることにしている。馬主さんとの意思の疎通が大切と考えているからだ。逆をいえば、どれだけ有名でもそのあたりをご理解いただけない人の馬は遠慮している。幸い、萩本欽一さんや浅田次郎さんとも馬のことは直接話ができる関係にある。いつ電話しても志村さんは「うん、うん」と聞いてくれ、特に注文をつけられるようなことはなかった。付き合いやすい馬主さんだったと思う。それだけに1勝させてあげられなかったのは心残りだ。

長谷川さんも人間的にも非常に素晴らしく、知性的で「ジェントルマン」といった印象の人だった。そんな長谷川さんだからこそ、一度の邂逅で意気投合という奇跡のような出会いもあったのだろう。

長谷川さんがイメージした風景。自宅に飾られている。

碧雲牧場は、10年前跡取りとして牧場に戻った息子さんが継いだ。これからも応援してあげたい。

2021年10月17日新潟1レースの2歳未勝利戦で自厩舎の碧雲牧場生産馬イチゴキネンビが勝利した。馬主「合同会社ノルディック」の萩野寛雄氏は「早大優駿クラブ」というサークルの出身。同じ早稲田つながりということで自分が碧雲牧場を紹介した。萩野氏も馬主としての初勝利となる。天国の長谷川さんが導いてくれた勝利かもしれない。

長谷川さんは生前、天国のイメージを絵にしていた。今は天国で絵にあるような穏やかな日々を送っていると信じたい。

伝説の騎手の訃報

10代でダービーを制す

府中の森が揺れた2022年第89回日本ダービー。久々の大観衆が見守る中、武豊騎手の6度目のダービー制覇で幕を閉じた。20代で1勝、30代で3勝、40代で1勝。そして50代でまずは1勝。各年代で勝ってきた武騎手の偉業は日本では並ぶもののないとてつもない記録だ。

奇しくも日本ダービーのこの日、2022年5月29日、「生きる伝説」と呼ばれたホースマンの訃報が世界に伝えられた。イギリスの歴史的な名騎手、レスター・ピゴット氏である。

おそらく20~40代の競馬ファンはその名に馴染みがないだろう。1950年代から80年代、ヨーロッパで活躍したイギリスの騎手で当時の競馬界を席巻した。時代は異なるが、武豊騎手のイメージで考えるとわかりやすい。実際、1987年にデビューして数年で日本の競馬シーンを塗り替えた武豊騎手は、当時海外で「日本のレスター・ピゴット」とよく紹介されていた。

ピゴット氏の業績を競馬雑誌に記すのは「釈迦に説法」の類だと思っていたが、自分より若い厩舎サークルのスタッフに聞いてみると案外知られていない。中にはその名を聞いて「どんな馬ですか?」という者までいた。

1950年代から80年代まで活躍した騎手なので、知らなくても致し方ないようにも思えるが、なにしろ業績が突出している。

生涯騎乗成績は、19802戦4349勝。40年を超える現役生活で計11回のチャンピオンジョッキーに輝く。クラシックを制すること29回。ダービー中のダービー、イギリスのエプソムダービーを9回も勝っている。初制覇はなんと18歳。

ピゴット氏が乗った数々の名馬の中でも最も有名なのが、1970年のイギリス3冠馬・ニジンスキー。実はその後、50年以上、今に至るもイギリスからは3冠馬は出ていない。「最後の3冠馬」ともいわれる。

1952年の椿事

ピゴット氏のプロとしての初騎乗は1948年。12歳のときだった。1954年、18歳のときネヴァーセイダイでダービーを勝った。よくよく考えれば、10代でのダービー制覇とはいえ、その時点で6年のキャリアを積んでいたことになる。

18歳が史上最年少でのダービージョッキーと思いきや、1862年に16歳で優勝した騎手の記録がある。実はピゴット氏はこれを破る可能性もあった。

ピゴット氏のダービー初騎乗は1951年。その翌年1952年もダービー出場を果たす。ゲイタイムに乗って優勝したタルヤーから遅れること4分の3馬身で惜しくも2着。

このとき、椿事が起きた。

実はゴール前の直線で激しくタルヤーに寄られた。ピゴット氏は進路妨害を確信。ゴール後に異議申し立てを行うつもりだった。だが、ゴール後に、止めようとしたゲイタイムがつまずいて、落馬。馬は鞍をつけたまま、厩舎のある方向へ逃げてしまう。そのまま行方知らずで、見つけた他厩舎の厩務員が捕まえるまで、すでにかなりのが時間(20分とも1時間とも)が経過。異議申し立ての機会を逸してしまった。

この話は、「ダービー〜その世界最高の競馬を語る〜」(1998年、競馬国際交流協会・刊)という本に出ているのだが、少々眉唾感がある。コースから逃げ出した鞍をつけたままの馬が、誰にも見つからず行方知れずになってしまうなんて、いくら50年以上前とはいえ、ありうるだろうか。

ピゴット氏自身は、自著「レスターのダービー(Lester, s Derbys)」(2005年刊)の

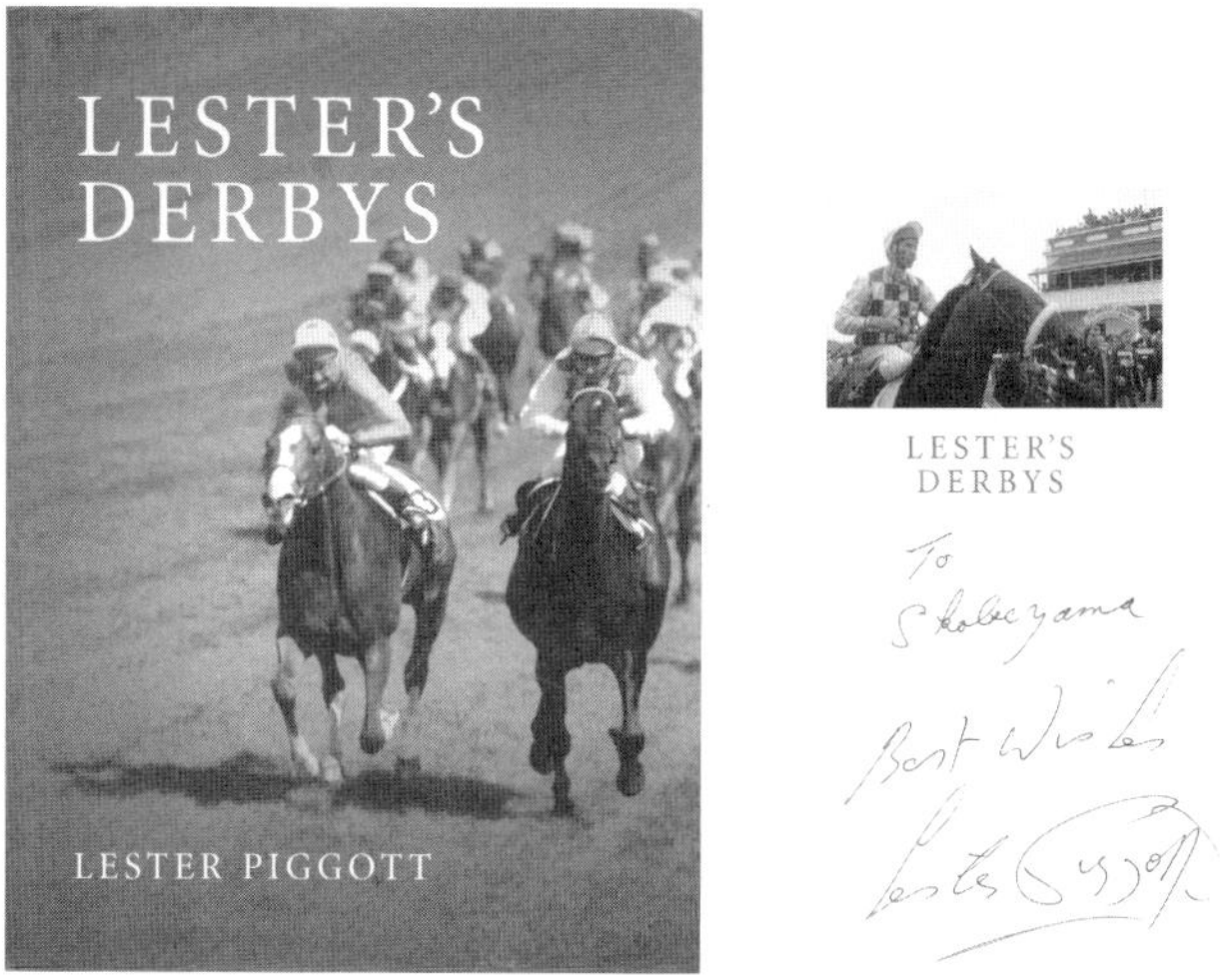

レスター・ピゴット氏の自著「レスターのダービー」と中ページのサイン。
「To SKobiyama」の文字が見える。

中で、落馬後、1マイル（1・6キロメートル）以上離れた林で騎馬警官が捕まえるまでゲイタイムが逃げ回り、その間に異議申し立ての時間が過ぎてしまったことは認めている。行方知れずというのは少々大げさかもしれない。

　この「レスターのダービー」が発刊されたとき、たまたま娘とイギリスを旅行していた。ニューマーケットに立ち寄り、彼の地の競馬博物館でピゴット氏のことを聞いたところ、発売記念のサイン会を開いているとの情報を得た。さっそく、会場に赴き、サインをもらいつつ、話をしたところ「おお、サトルか」と自分のことを思い出してくれた。

　実は若かりし頃、開業直後のピゴット厩舎で1ヶ月半働いていたことがあるのだ。

夢のような時間

1983年に9度目のエプソムダービーを制したレスター・ピゴット氏はその2年後、38年間の騎手生活に別れを告げ、ニューマーケットで調教師に転身する。

自分が当時あった「ドバイ奨学生海外研修」という制度を使ってイギリスに渡ったのが、調教助手時代の1986年の8月から10月の3ヶ月。50歳で引退した偉大な騎手が、新進気鋭の調教師として順調な船出を遂げた頃だった。

ニューマーケットでの研修先はロバート・W・アームストロング厩舎。ニューマーケットの東に位置する。屋号は「セントガディアン」。ニューマーケットでは厩舎は屋号で呼ばれる。建物の方が歴史が古く、調教師の方が入れ替わるスタイルだ。

アームストロング氏は、当時アスコット競馬場を主戦場に年間30〜50勝をあげ、いくつかのG1も制していた。ここでひと月半ほど、本場の調教を学んだ。同時に驚きの事実を知った。実はアームストロング氏の実姉は、ピゴット氏のもとへ嫁いでいたのだった。

「もしかしたら、歴史的名騎手の厩舎で働けるかもしれない」

「生きる伝説」レスター・ピゴット氏とパドックを歩く。ニューマーケット競馬場にて。

そう思い、無理を承知で頼みこんだところ、案外あっさりと移籍できることになった。遠いアジアの国の研修生はいわばお客さん。いずれにしろ短期のことだし、そんなことをいう日本人研修生も自分ぐらいだったので、おもしろがられたのかもしれない。こうして研修期間の後半は、ピゴット氏のもとで働くことになった。

厩舎はニューマーケットの西にあり、屋号を「イヴ・ロッジ」といった。厩舎スタッフは40人ほど。何しろ印象深かったのが、全員がピゴット師を敬愛してやまなかったこと。好きで好きでしょうがないといった人たちばかりだった。そういう点では、チームワーク抜群の厩舎だった。

ピゴット氏は、毎日全馬を確認し、重要な馬の追い切りには自ら跨ったが、多くを語ることはなかった。それでも師から発せられる短い言葉から、スタッフが意を汲んでテキパキと動く。厩舎全体のスムースな動きに舌を巻いた。追い切りはともかく長めを追われる。競馬への使い出しは若干早く、余裕のある馬体で出走させることが多かったが、それでも自分が働いていた頃には、重賞勝ちを含む32勝をあげており、100頭以上の馬を管理していた。

「生きる伝説」との夢のようなひと月半は、あっという間に過ぎた。自分としては、このままこの地に骨を埋めてしまおうかとずいぶん悩んだ。もともと外国生活には慣れていたし、ここでの暮らしも性に合っていた。ただ、残念ながら諸般の事情がそれを許さず、後ろ髪を引かれる思いで泣く泣く帰国した。あれからすでに36年が経つ。

伝説は続く

今から思えば、1986年秋のあのとき、ピゴット氏のもとへ移れて本当にラッキーだった。実はピゴット厩舎はわずか2年で実質的に活動を休止してしまったのだ。

1987年10月、脱税容疑でピゴット氏は逮捕され、裁判で3年の実刑判決を受けて収監された。「サー」

の称号も剥奪され、刑務所で最悪の日々を送ることになった。普通の人なら、いかに栄光の日々があろうが、実刑で服役となると人生としてはジ・エンドだ。ところがピゴット氏の場合、ここから伝説の第2幕があがる。

１９９０年10月、耳を疑うようなニュースが世界中の競馬関係者の間を駆け巡った。仮出所したピゴット氏が騎手として現役復帰するというのだ。１９８５年に鞭を置いてから5年も経つ。いかにピゴット氏とて、往年の実力は望むべくもない。無謀なカムバックに疑問をもった人も多かった。

ところが復帰してわずか10日後、アメリカで行われたブリーダーズカップマイルで、自身が騎乗していた三冠馬ニジンスキーの仔・ロイヤルアカデミーIIを駆って優勝をさらってしまう。54歳での強烈な復活劇に世界中の競馬ファン・関係者は驚愕した。まさにスーパースターであり、伝説はさらに上積みされる。結局１９９５年に2度目の引退をするまで鞭を振るった。

このロイヤルアカデミーIIの血統は日本にももたらされた。２００３年にアイリスサマーダッシュで小桧山厩舎に初の重賞勝ちをもたらしてくれたイルバチオの父はこの馬だった。ピゴット氏との縁を感じた。

日本でダービーといえば「武豊」だが、世界では「レスター・ピゴット」というのが自分の印象だ。２０２２年5月29日、武豊騎手が6度目のダービーを制したその日にピゴット氏が亡くなったのは、自分にとってはなんともいえず感慨深い。２０２２年は忘れられないダービーデーとなった。

角居氏の流儀

放牧場にたたずむ馬

車窓からは荒れ狂う白い波頭が見える。海岸から打ち上げられた「波の花」と呼ばれる白い浮遊物が時折宙を舞う。冬の強風がもたらす日本海の風景だ。奥能登の海は今日も荒れていた。

石川県珠洲市の海岸線に沿って車を走らせている。目的地は、能登半島の先端・鉢ヶ崎海岸近くの農園「タイニーズファーム」。到着したその場所は、海岸から3キロほど内陸に入った、いかにも里山といった風景の中にあった。門はない。敷地には何頭かのヤギがつながれており、フェンスで囲われた一角にはニワトリたちが放し飼いにされていた。奥には畑も続いている。この農園は、環境に優しい、小規模循環型農業を目指しているという。

「あれが『ドリームシグナル』号のようですね」

同行の編集者・K君が指し示す先に、真新しい牧柵で囲まれた放牧場にたたずむ1頭の馬が見えた。

ドリームシグナルは引退馬。２００８年にシンザン記念を勝っている。自分が管理したスマイルジャックと同期で、同年のスプリングSや皐月賞を一緒に走っていた。

なぜこの馬が引退して北陸のこの地にいるのか？　それは、壮大な計画のワンピースをなしていた。仕掛け人は２０２１年春に勇退した元ＪＲＡ調教師・角居勝彦師、その人だった。

「いらっしゃい」

いかにも旧家といった玄関の引き戸を開けると、いつもと変わらぬ穏やかな笑顔が待っていた。石川県輪島市の中心街に近い住宅地。角居氏は現在、ここを拠点に活動している。

角居氏とはお互いに調教助手時代からの顔なじみで、会えばよく話もするが、調教師としては歩む道が違いすぎてあまり接点はない。

ダービー優勝のウオッカをはじめ、実に18頭ものＧ１勝ち馬を育てた。２００５年のシーザリオによるアメリカンオークス、２０１１年のヴィクトワールピサによるドバイワールドカップなど、海外Ｇ１を４勝もした。ＪＲＡ通算７６２勝をあげ、国際舞台でも活躍した名伯楽でありながら、定年（70歳）前の56歳で厩舎を解散。２０１８年、突然の勇退宣言に、競馬界に衝撃が走った。

「家業を継がなければならなかったし、調教師としてはやれることは全部やったと言う思いもあったので…」

わけを聞くと、淡々とした答えが返ってきた。他にも理由はいろいろあったことだろう。「ちょうど面倒を見ていたドリームシグナルの落ち着き先を探していたところ、珠洲市のタイニーズファームさんのことを知り、お願いしてみたんです」

輪島市の拠点から珠洲市鉢ヶ崎海岸までは車で40分ほど。目の届く範囲といえる。

引退馬のために

引退馬をめぐる角居師の活動は、10年以上前にさかのぼる。２０１３年には賛同者とともに一般社団法人「ホースコミュニティ」を立ち上げ、代表理事となった。障害者乗馬や引退馬などの問題を多角的にとらえ、各種活動を支援する団体だった。

地方創生をテーマにした東京でおこなわれたイベントにホースコミュニティの関係者を派遣。そこで珠洲市のタイニーズファームのことを知り、角居師自ら現地に赴き、同農園のコンセプトと馬の飼養が合うという話をオーナーにしたそうだ。なんとか受け入れてもらい、放牧地を確保した。馬房を含む厩舎には思った以上に経費がかかったが、クラウドファンディングでまかなった。この辺りはさすが「角居師の顔」だろう。

石川県珠洲市の農園「タイニーズファーム」にいるドリームシグナル。

ドリームシグナルは引退してすでに10年以上となる。ここに来た当初は背中を痛めていて、乗馬としては難しい状態だった。今では引き馬で子供を乗せるぐらいまで回復したという。

「7月にはドリームを隊長に『鉢ヶ崎きれいにし隊』を作って、地元の中学生と一緒に海岸の清掃活動をしました」

角居氏は単に趣味で引退馬に関わっているわけではない。ドリームシグナルの件は大きなプロジェクトのパイロット版という位置付けだ。

今、角居氏は、引き継いだ家業と並行して、引退馬を町おこしに使うという大きなプロジェクトに取り組んでいる。成功のためには、場所・人・資金といった問題を、包括的に解決していかねばならない。厩舎サークルを勇退したとはいえ、馬からは離れられないという。やはり根っからのホースマンだ。

引退馬で町おこし

角居氏の計画とはこうだ。

「引退した競走馬に第2、第3の馬生が歩める道を作ってあげたい。馬には競走する以外にもいろいろな能力がある。馬によってはそれらを生かして働くこともできる。そのための活動をする」

口でいうのは簡単だが、角居氏のように実際に動き、10年以上にわたってそれを続けられる人物は稀だ。

角居氏が引退馬の余生に思い至った背景について語ってくれた。

「年間およそ7000頭の競走馬が生産されます。この数字が日本で維持されているから、世界に通用する競馬ができている。生産数を必要最小限に抑える議論もありますが、分母が小さくなれば頂点は低くなる。『世界に通用しない馬を見てて楽しいですか？』ということです」

世界と勝負してきた角居氏ならではの考えだ。

「けがや病気を除き、死ぬまで生を全うできる馬は稀です。家畜である以上、そこはウシやブタと変わらない。

ただ、肉になる前にもうワンチャンス、ツーチャンスあっていい。そのプロセスがあれば７０００という数字を維持できるのではないかとも思います」

馬はイヌやネコのようなペットとは違う。場所、人、資金が必ずいる。この問題を解決しない限り、いくら理想論を唱えても絵に描いた餅だ。

「奥能登に限らず、地方には限界集落に向かっている地域がたくさんあります。仕事がないので人も離れてしまい、休耕田や里山が放置される。こういった土地で馬を飼うことにはいくつもメリットがあります」

馬は雑草を食べ、糞をする。糞は養分となって土を豊かにする。土地が再生しやすい状況になり、再び農耕地として利用できる。ＳＤＧｓに合致するサイクルだ。リトレーニングして乗馬など観光に使える引退馬もいる。馬に乗って地方の豊かな自然を満喫し、写真の１枚も撮ればインスタ映えは明らかだ。

新たな産業が起これば人も戻ってくる。馬による町おこしは現実的な施策だと思う。

馬を扱う人材をどうするか、という問題はある。角居氏はそこにもアイデアをもっている。

「厩務員など、これから毎年１００人近い人が栗東でも美浦でも定年退職を迎えます。こういった馬扱いに長けた人たちに来てもらって、地元の人たちに馬の指導をするシステムができるといいかなと思います。移住までしなくとも、そこで数ヶ月、人を指導して、その間に地方の温泉に浸かって美味しいものを食べて、と」

町おこしに絡めて引退後の馬と人を活用する素晴らしい案だ。

見事な手腕

角居氏は町おこしのアイデアを地元の行政にもすでに提示している。

「今馬を預かってもらっている珠洲市の鉢ヶ崎海岸付近は、その昔の原発誘致に絡んで運動公園とか宿泊施設とか、立派な施設が残っています。それらを利用して仕事を作ろうと東京のいくつかの大手メーカーが進出するプロジェクトがあります。行政としては地元の意見を聞かなければならない。そこでまず地元の中学生に『この街をどう作り変えたいか』というテーマで話を聞いたそうです。そうしたら生徒たちから『馬を入れた活動をしたい』という意見が出て。おかげでプロジェクトに参加させてもらえそうです」

角居氏は自分を広告塔としてこれまで布石を打ってきた。世界的な調教師が突然勇退して故郷に帰り、地元の施設で引退馬と関わる。馬を連れ、中学生といっしょに地域の社会活動を行う。地元マスコミが話題として取り上げる。町おこしという観点で行政も注目する。企業や行政が動けば資金的な目処も徐々についてくる。

石川県輪島市を拠点に活動する角居師と。

場所、人、資金という馬に関わる3つの難題を見事にクリアしていく角居師の手腕には脱帽するしかない。本人の希望とはいえ、どれだけの逸材を競馬界は失ったか、改めて思わざるをえない。

角居氏のこうした手腕は、競馬の世界だけではなく、やはり自ら立ち上げた「ホースコミュニティ」での10年近くにわたる活動で培ったものだろう。同団体が主催する引退馬支援活動「サンクスホースプラットフォーム」が関わる分野は、リトレーニング、養老、障害者乗馬など多岐にわたる。

角居氏の活動には100％賛同する。これからも注目していきたい。

名伯楽の引退

鳴り響いた「カズオ・フジサワ」の名

２０２２年2月28日、稀代の名伯楽が引退した。藤沢和雄氏である。この日、最後のレースを終えた藤沢氏は、検量室前に姿を見せ、ファンに手を振って別れを告げた。

年齢からすれば、自分とは2つしか違わない。ＪＲＡに調教助手として入ったのも藤沢氏が１９７７年、自分が１９８１年だから、これも大きくは違わない。調教助手時代の藤沢氏は、名門・野平祐二厩舎でシンボリルドルフの稽古をつける「腕利き」という感じだった。

自分にとって藤沢氏の名前が強く印象づけられたのは、１９８６年に研修制度を使ってイギリス・ニューマーケットで3ヶ月を過ごしたとき。当時、現地のホースマンからしばしばいわれた。

「おまえはカズオ・フジサワを知っているか？」

まるで当時のニューマーケットで働く日本人はみんなカズオ・フジサワの知り合いであるかのごとき、扱いだった。それぐらい藤沢氏の名前はニューマーケットでは有名だったのである。

藤沢氏はJRAに入る前、4年もニューマーケットで働いている。ホースマンとして現地で認められるには十分な時間だったろう。

たった3ヶ月とはいえ、実際に体験したイギリス式の調教は自分にとっては強烈なインパクトだった。もっと知りたくて、帰国を先に伸ばそうか、JRAを辞めてここでホースマンになろうか、自分も迷ったぐらいだった。自分には海外で暮らした経験があり、あっちの水があっていたせいもあるかもしれない。

その後藤沢氏は1987年に調教師免許を取得し、翌年に厩舎を開業している。1986年にイギリス式の調教を体験した自分にとって、本場仕込みのホースマンがどんな厩舎を作るのか興味津々だった。

開業以後の藤沢氏の活躍はいうまでもない。1993年に最多勝利調教師賞をとると、以後通算12度のリーディングを獲得。結果的にJRA通算1570勝という尾形藤吉先生に続く歴代2位の数字を叩きだすのだから凄まじい。

ただ開業当初は異端児扱いだった印象は否めない。従前の調教のやり方とは違う方法で馬を作っていたからだ。ただ自分の目には、ニューマーケットで見た普通の調教方法だったのでそのこと自体はびっくりはしなかった。驚くべきは、それを日本で実践したこと。今でこそ「藤沢流」はある種のスタンダードともいえ

引退の日、最後のレースを終えた藤沢和雄氏。

るが、当時の競馬サークルにとっては「革命」だった。

「藤沢さん、やるなあ」

そんな目で見ていた。

藤沢氏に遅れること8年。1996年に自分も厩舎を開業した。当時の藤沢厩舎はリーディングが当たり前。すでに「天下の藤沢厩舎」として威勢を誇っていた。結果的に革命は見事に成就したといえる。

2人の儀式

自分は厩舎開業当初から、藤沢氏の向こうをはってリーディングに挑もうなどという気はなかった。ともかく周りにいる馬主さんやスタッフを満足させられる厩舎にしたい、という思いだった。結果的に「成績より出走回数」みたいなことになり、開業3年目で早くも地方での交流戦を含め、年間出走数が300を超えた。以後もコンスタントに年300回以上出走し、「なんでそんなに使えるの?」とあちこちでいわれた。

その頃、呆れ顔で藤沢氏からいわれた一言がある。

「本当の日本一はおまえだ」

もちろん藤沢流のジョークで、本気ではないはずだ。しかし、回数を使うにはそれなりの調教師としての「技」は要る。藤沢氏の言葉はそんなところを多少はわかってくれたのかもしれない。

厩舎の方向性が全く違うので、かえって藤沢氏とは話もしやすかった。ここ数年はずいぶん親しくさせてもらった。

藤沢氏がG1に勝つと、表彰式直前、氏は自分にむかって顎を突き出してくる。「ネクタイを締め直してくれ」という合図だ。こちらも祝福のつもりで締め直す。いつしか2人の間の儀式になった。

2020年に「馬を巡る旅〜旅の終わりに〜」を出版した時は、表紙の帯をお願いした。最近では「本を出すなら帯はまかせろ」と藤沢氏の方からいってくる。ありがたい話だ。

引退後、藤沢氏はJRAのアドバイザーになった。今後とも親しくつき合わせていただければと思っている。

生産者の矜持

老舗牧場

ダービーが終われば2歳馬たちのデビューが始まる。北海道の牧場では、目にも鮮やかな緑の牧草地を駆け回る1歳馬たちの姿が見られる。自厩舎に入厩予定の仔馬たちの様子を見に行くのはこの時期の恒例行事。通常は千歳から入って日高に向かう。日高といってもつきあいのある牧場の大半は、門別や新冠、静内のあたりに集中しているので、浦河まで足を伸ばすことは少ない。

今回は帯広から入って浦河へ向かうルートをとった。目的は浦河にある杵臼斎藤牧場を訪れるためである。牧場主の斉藤繁喜氏とは50年近くの付き合いだ。ここ何年かは、付かず離れずといった感じだが、初めて生産馬を預かることになった。馬を見るのも目的の一つだが、拙著「尾形藤吉～競馬界の巨人が遺したもの」を渡して、直接昔の馬産地の話なども聞いてみたかった。

杵臼斎藤牧場の生産馬としては、モンテプリンス、モンテファストの兄弟が有名だ。兄は1982年の天皇賞・春と宝塚記念を制し、弟は1985年の天皇賞・春を制した。浦河が元気だった頃、この地方を代表する牧場の一つだった。

モンテの兄弟を管理していたのは、尾形藤吉先生の一番弟子、松山吉三郎調教師。当時は尾形先生と同じく競馬界を代表する存在だった。

松山厩舎にいた牝馬・モンテオーカンを繁殖として預かったのが、まだ20代の斎藤氏だった。20歳過ぎの若者が大調教師とつきあうなど、大変な思いをしたはずだが、努力は身を結び、数年後、G1馬2頭を生産した。

「尾形先生は姿をお見かけしたぐらいだったけど、松山先生とは親しく付きあわせていただいた。日高の牧場をめぐるときは運転手をさせてもらっていた。先生の馬を見る目は厳しくて、妥協がなかったね。一言でいうなら『競馬の鬼』。生産者の側もお眼鏡にかなうような馬を作るのに必死だった」

現在74歳の斎藤氏は往時を懐かしむ。

昔は浦河も、荻伏だ、三石だと沢ごとにグループがあって、血統もそれに沿っていた。血統表を見れば、どの地区の馬か、わかったぐらいだ。

当時は地区ごとに種馬場もあり、ダービークラスの種馬が各地にいた。1頭の種馬が付けられるのは一世

浦河の杵臼斎藤牧場にて。オーナーの斉藤繁喜氏と。

代で60頭ほど。その分、いろいろな種馬にチャンスがあった。

今は、人気の種馬は200頭近く種付けする。当然、種馬の寡占化が進む。いくつかの大牧場とその他大勢の中小牧場との格差はどんどん広がる。

寡占化によって馬産の効率化は進むが、地域全体を見れば地盤沈下の傾向は免れない。数からいけば中小の牧場が圧倒的に多いからだ。厳しい現実がそこにある。

馬の見方

斎藤氏は海外のセリ市でも繁殖牝馬を購入していた。

「三冠馬・コントレイルの5代血統表にバジーという馬がいるんだけど、自分が日本に連れてきた馬なんだ」

1990年代の話だが、確かに5代母にバジーの名が見える。バジーが米国に残した馬の血統からBCジュヴェナイルフィリーズ(G1)を勝つ馬が出た。その馬がコントレイルの祖母になる。

バジーはセリで見て、ピンときて購入したのだそうだ。残念ながら日本ではG1級の馬は出なかったが、日本の競馬に合いそうな予感はしたという。

「当時は『日本の生産者はずれている』とよくいわれた。『ずれている』というのは『馬が見えていない』という意味。『せっかく来たんだから買って帰りたい』で1000万の馬を2000万で買ってしまうんだから、そういわれてもしょうがない」

今でもよくある話だ。国内のセリでも珍しくない。要はきちんと馬の評価ができないから。予算に余裕があればどう競ろうが自由だが、調教師や生産者は馬のプロだ。馬を見て、その上で価値感にあった値をつけられなければプロとはいえない。価値感に合う馬がいなければ買わずに帰るのが当たり前。それができない人はセリに参加しない方がいい。

種牡馬の寡占化を危惧したり、関係者の「馬見」が衰えていることを嘆くのは古いかもしれない。それでもこれらは競馬の基本のように思う。

「ひと昔前は、『この生産者はどういう思いで馬を作っているのか？』を見抜く人がたくさんいて、馬を見せるときも緊張した。今はとても少ない。さみしいことだけどね」

斎藤氏の言葉は胸に響く。古き良き時代の話かもしれないが、その核心は次代に引き継がれるべきものだ。

長いつきあい

時代の寵児

帯広から浦河を抜け、国道235号を南下している。新冠に入ったところで右折して山側に入り、曲がりくねった道をのぼっていく。何十年も前から何度通ったかわからない道だ。新冠町東泊津にある旧・川上牧場を目指してひた走る。

開場は1966年だが、1990年代にナリタタイシン(1993年皐月賞)、マヤノトップガン(1995年菊花賞・有馬記念ほか)といったG1馬、そのほか重賞馬を生産。1995年には個人牧場でありながら、牧場ランキングで2位につけた。当時、日高を代表する個人牧場であり、オーナーの川上悦夫氏は生産界における時代の寵児だった。

2000年代も後半となるとさすがに川上牧場の勢いも陰りを見せる。それでも大牧場への寡占化が進み、個人牧場が次々と潰れていく馬産地で、しぶとく生き残ってきた。

川上氏とのつきあいは古い。初めてあったのは1973年、まだ学生の頃だった。新冠に来たとき、縁あって泊まらせてもらった。当時の牧場主は悦夫氏の父・景吉氏。以来、川上牧場とのつきあいは半世紀にも及ぶ。

調教助手時代は、畠山重則厩舎にいたアンシストリーやマイヨジョンヌといった川上牧場生産の重賞馬に稽古をつけていた。自厩舎開業以後は毎年のように生産馬が入厩。中から2003年のG3アイリスサマーダッシュに勝ち、厩舎に初重賞制覇をもたらしたイルバチオが出た。最近でも2021年の七夕賞を勝ったトーラスジェミニは同牧場の生産。その他自厩舎で預かった馬の数は150頭近くに及ぶ。良いときも悪いときも一緒にやってきた戦友であり、半ば「腐れ縁」とも呼べる仲である。

2020年に亡くなった競馬ライターで親友のかなざわいっせいと川上牧場を結びつけたのも自分だった。ネタ作りも含め、牧場の仕事をしたいといういっせいの申し入れに、同牧場を紹介した。以来、夏になるとそこで働くようになった。彼の肩書に「川上牧場夏季限定牧夫」が加わる。

嘱託のおじさん

車はやがてひらけた丘陵地帯にある旧・川上牧場に出た。いろいろあって今は「マリオステーブル」という名だ。息子の川上武志氏が経営している。本場のほかにも、同地に3つの分場がある。いずれも斜面を生かした、起伏のある場所だ。

川上悦夫氏の案内で入厩予定の1歳馬を見る。馬主さんへの報告用に写真撮影。

「撮影時にちゃんと立つ1歳馬は走る」。

自分の中の経験則だ。特に根拠はないのだが。

撮影中、集まってきたほかの1歳馬が野次馬となって撮影の邪魔をする。

「『俺も見てくれ』って売りこみに来たんだよ」

軽口を叩きながら、川上氏の説明が始まった。血統や体形などそれぞれの特徴を熱心に語る。ありがたいが、しつこいので少々鬱陶しい。

「うるさいよ。『嘱託のおじさん』は黙っててくれる?」

今は経営を息子に譲り、いうならば嘱託のようなものだ。とはいえ、馬を説明する川上悦夫氏に対してここまでいえる者は稀だろう。長いつきあいで親しいからこその毒舌だ。

一緒に回っている長男の武志氏が、自分たちの会話に大笑いしている。

川上牧場で1歳馬を撮る。

パンッ。突然川上氏が手を叩いた。驚いた馬たちがいきなり集団で走り出す。先頭を競って走る1歳馬を眺めながら、川上氏が彼らの走りを説明する。

牧場の人たちは、定点観測でこの姿を毎日見ている。血統や体形は大事だが、走る姿はそれ以上に馬の価値を雄弁にもの語る。一見ではなかなかわからないところだ。

逆にこちら側にもわかることがある。

長くつきあっていればこそだが、過去に走った馬たちがどの区域にいたかは、だいたい覚えている。めあての馬がどの放牧地にいるかで、期待値がわかる。

かつて「天下を獲った」牧場は名前こそ変わった

ものの今も存在する。日高の個人牧場をめぐる状況は決して楽観できるようなものではない。それでもこの先も生きのびて、再びスポットライトを浴びる日が来てほしい。牧場を後にして山を下るとき、いつも心の中で願っている。

馬産地との縁

二十間道路のターフ

二十間道路を南下していく。両サイドに牧場が続く。古くからのものがあれば、最近オーナーが変わったところもある。牧場の柵からアスファルトの道路までは途中の桜並木を挟んで10メートルぐらいの幅があり、芝生が植えられている。二十間道路に沿って両脇にまるでターフの直線コースがあるかのようだ。

１９７０年代、付近にあった種馬場の種馬たちのかっこうの運動場だった。今では種牡馬を連れ出して道路脇のコースを走らせるなど考えもできない。もちろん当時も高価な種牡馬に乗るなどと決して許されていたわけではないが、直線コースを駆ける種牡馬の姿は珍しくなかった。黙認という感じだろう。

実は自分もその中にいた。１９７７年23歳のとき、「静内牧場種馬センター」というところでスタッフとして働いていたのだ。特に同センターにいた天皇賞や有馬記念を制したタニノチカラによく乗っていた。

なぜ同センターに就職したかというと、ある人物の一言がきっかけだった。当時新冠スタリオンセンターの場長だった八木功三氏である。ふと思い立って八木氏に会いにいこうと、二十間道路から道道209号線沿いの通称「サラブレッド銀座」へと向かった。

きっかけはタイテエム

「ひさしぶりだね」

齢80歳を超えても、ガッチリした体格は昔とまるで変わらない。

「巧ちゃんも元気そうだね」

年上ながら親しみをこめて、自分は「功ちゃん」と呼んでいる。

初めて会ってからすでに50年近くの歳月が流れた。出会いは運命的だった。

大学2年の春休み、競走馬にハマっていた自分は、新冠のユースホステルに泊まって毎日のように新冠スタリオンセンターまで通っていた。目的は「貴公子」と呼ばれ、タニノチカラと人気を二分したタイテエムを見るためだった。すでに引退して種牡馬になっていた。

ある日のこと、いつものように牧柵から種牡馬を眺めていると種馬場のスタッフが声をかけてきた。大学

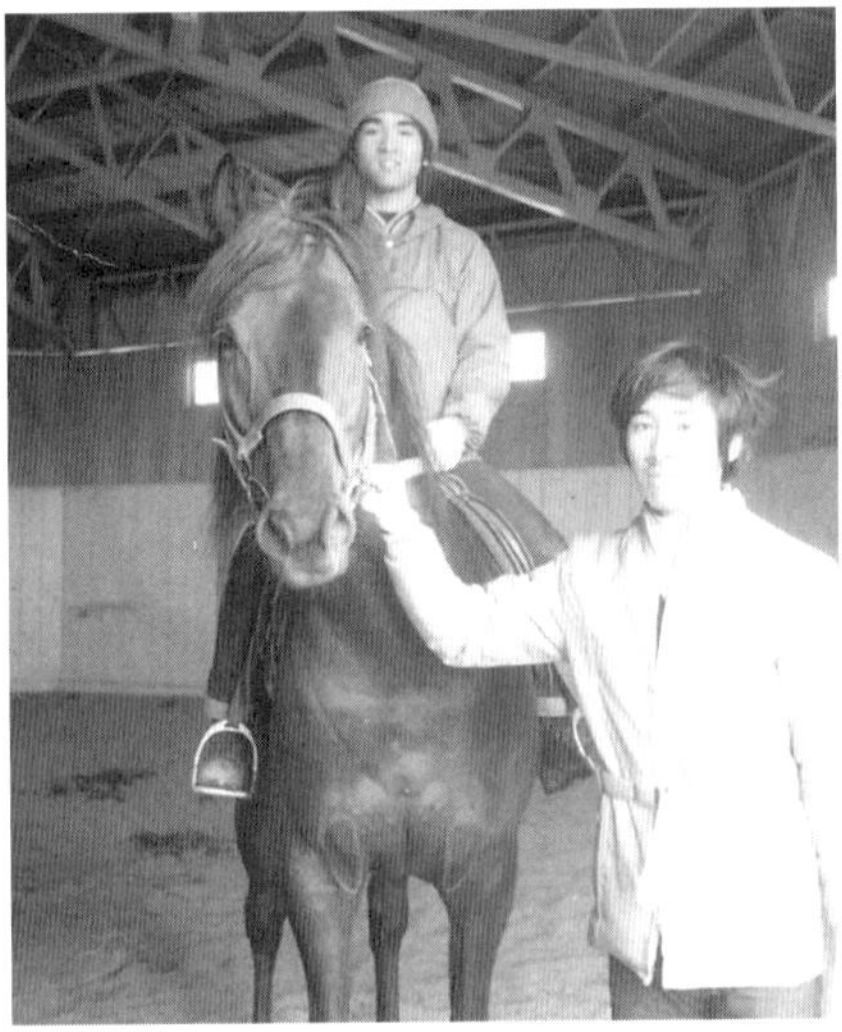

種牡馬アザーストンウッドに乗せてもらっときの私。

の馬術部に籍を置いていることなどを話した。

「兄ちゃん、馬、乗れるんだったら乗ってみてもいいぞ〜」

思わぬ申し出に、内心「やった」と小躍りしながら、乗せてもらった。乗ったのは同じ種馬場にいたアザーストンウッド号だった。

このときに声をかけてくれたのが、功ちゃんだった。今、思えば高価な種牡馬に素人を乗せるなど無茶苦茶な話だが、功ちゃんの方でも何か感じたのかもしれない。

実はこの体験に味をしめて、静内牧場種馬センターでも同じ手を使った。

「昨日はアザーストンウッドに乗りました」

そういってまんまとタニノチカラにも乗せても

らった。そこから縁ができて、大学卒業後、同センターで働くことになった。

「あのとき巧ちゃんが声をかけて来なかったら、ここにこうしていなかったはずだよ。責任取ってほしいなあ」

笑いながらそう告げた。巧ちゃんも苦笑している。

「昔からの知り合いが調教師になってくれて俺も鼻が高いよ」

別れ際、巧ちゃんがいってくれた。ありがたい言葉だ。彼がいなかったら今の自分はなかったかもしれない。

当時を懐かしむとともに、厩舎人としての自分のルーツがここにあることをあらためて感じる。

吉田家の物語

やっとできた弔問

「晴雄さん、来ましたよ」

お線香をあげ、手を合わせる。もっと早く来るべきだったが、2年も経ってしまった。仏壇の仏様は2020年に亡くなった吉田牧場のオーナー・吉田晴雄氏である。

吉田氏は元騎手で、1962年尾形藤吉厩舎からデビューしている。尾形先生の最後のお弟子さんのひとりだ。主に障害レースで活躍した。1970年に引退し、実家である名門・吉田牧場を兄・重雄氏とともに引き継いだ。2001年には重雄氏が亡くなり、代表となる。2020年4月、厩舎全焼の不幸に見舞われた上、自身の体調問題もあって泣く泣く閉場を決意。その後帰らぬ人となった。

吉田氏は、牧場に戻ったあとも尾形会の会員として一貫して会の発展に尽くし、会長も務めている。自分も大変親しくさせていただいた。

「早くマサノリくんのあとを決めてくれよ」

亡くなる直前に電話をもらった。聞けば、入院していた病院からだったという。結局この電話が最後になり、自分にとっての氏の遺言となった。

「マサノリくん」とは、2020年8月に急逝した元調教師・伊藤正徳氏のこと。やはり尾形藤吉先生最後の弟子のひとりで、吉田氏を継いで尾形会の会長を務めていた。伊藤氏が亡くなり、自身の体調もままならぬ吉田氏が、尾形会の行く末を案じて自分に電話してくれた。

電話はもらったものの、尾形会の会長は簡単には決まらない。なかなか後任が見つからず、結局、会長は尾形充弘氏が引き継いだ。

尾形会と吉田氏の結びつきは非常に強いものだった。吉田牧場の馬を預からせてもらったことはないが、会を通じて自分とも終生変わらぬよしみを結んでくれた。こうしてお線香をあげに来ることができて、少しホッとした。

価値ある家系図

牧場内にあるテンポイントの墓。

最近ではこの名門牧場のことをあまり知らない競馬ファンもいることだろう。

牧場自体は吉田晴雄氏の祖父・権太郎氏が開場し、戦前からサラブレッドを生産していた。やがて父・一太郎氏が後を引き継ぎ、オーナーブリーダーとして1955年にヒロイチでオークスに勝ち、初めてクラシックを制覇した。以後も1966年にワカクモで桜花賞、1967年にリュウズキで皐月賞を制している。1970年代に入るとさらに勢いを増し、数々の名馬を輩出した。中でも最も有名な馬は、1977年に天皇賞と有馬記念を制したテンポイント。同世代のトウショウボーイ、グリーングラスとともにTTG時代を築いた。

「こんなものがあるんですけど、ご覧になりますか?」

吉田氏の奥様・邦子氏と、晴雄氏にまつわるよもやま話をしていると、突然こういわれた。奥様が出してきたのは、吉田一族の家系図である。法事の際に誰が誰だかよくわからなくなるので、生前・晴雄氏が作っておいたのだそうだ。

晴雄氏の曽祖父で北海道へ入植した南部藩士・吉田善治氏から始まる吉田一族・姻族、600名以上の氏名が記されている。このレベルになると歴史的な価値が出てくる。奥様もそれを考え、自分に見せてくれたのだ。

吉田善治氏の子供には七男一女がおり、晴雄氏の祖父・権太郎氏は六男だった。長男は善太郎氏。当時、すでに農耕業などで成功しており、権太郎氏が牧場を開くにあたって支援したという。

この善太郎氏の一族が日本競馬界にもたらした影響は計り知れない。

善太郎氏の長男が善助氏、そして善助氏の三男が善哉氏。社台グループの創業者だ。社台ファームの照哉氏は善哉氏の長男、ノーザンファームの勝己氏が次男、追分ファームの晴哉氏が三男という関係にあたる。現在の日本の生産界を代表する3人は吉田一族から出ているのだ。

弔問に吉田家を訪れたことで、なかなか目にすることができない貴重な資料を見ることができた。これも晴雄氏のお導きかもしれない。

旧吉田牧場の一角にテンポイントをはじめとする同牧場生産馬たちのお墓がある。ここまで来たついでに寄らせていただいた。その墓碑を眺めていると、吉田牧場と吉田一族が日本競馬の歴史に刻んだものを思わずにいられなかった。

馬力を使う

馬搬と馬耕

２０２２年に横浜で開催された第５回ホースメッセの最終日、以前からの知り合いが講演するというので聞きにきた。一般社団法人馬搬振興会の代表理事・岩間敬氏だ。

「馬搬」とは主に山で伐採した木を馬で運ぶ作業で、トラクターなどが普及する以前は全国の山林で行われていた。機械化に伴い、急速に廃れ、専門とする技術者も消えていった。もはや風前の灯火だった馬搬技術を現代に生かすべく取り組んできたのが岩間氏だった。

20年前は、農林業に従事するファーマーであり、馬は乗馬を嗜む程度だった。やがて馬搬の技術に魅せられ、岩手県遠野市在住の数少ない匠の1人に弟子入り。技術の習得に励んだ。その甲斐あって、２０１１年イギリスで行われた馬搬技術の大会に優勝。以後、日本で技術の普及啓蒙活動に努めている。

岩間氏とは２０１９年帯広で行われた重種の展示会で偶然出会った。話を聞きながら、馬搬にかける情熱に「本物」を感じた。あれから3年近くが経ち、氏の活動がどんな展開を見せているのか、関心があった。

「活動を始めた頃は1人でしたが、今は全国に10人以上の仲間がいます。数は少ないですが、規模は10倍になったともいえます」

豪快に笑い飛ばす岩間氏からあふれるパワーを感じる。馬搬はもちろんだが、馬の力を田畑に生かす「馬耕」にも取り組んでおり、馬で耕した田んぼからとれた無農薬の酒米で日本酒を作ったりしていた。演壇横の机には「田人馬」というブランド名のボトルが置かれている。

本日の講演タイトルは「馬力(畜力)エネルギーを現代に活かす価値生産～アフリカ　セネガル馬力事情～」。氏の活動は世界へも幅を広げていた。

「コロナ禍を押して、2021年12月にセネガルに行きました。街中では馬車が走り、農村では荷駄にロバが使われるなど、日常の暮らしの中に家畜がいます。馬耕の可能性を感じました」

農村では馬を触ったことがない人は珍しく、その点では日本人よりハードルが低いとのこと。ただ、思った以上に土が固く、馬耕に使う農機具「プラウ(すき)」を改良する必要があることが、現地に行ってわかったそうだ。

「経済的な余裕がなく、まだまだ機械化が進まないセネガルでは、馬力を活かした日本の馬耕技術が役に立つと確信しました」

岩間氏の馬の可能性に向ける視線は、日本はもちろん世界へも向けられている。衰えぬ情熱はさらに燃えさかっているようだ。

新しい価値

現代の日本で馬を「活かす」となると、競馬・乗馬・その他といった感じだろう。その他に入る馬搬・馬耕の世界はまだまだこれからだ。

ただ風は吹いている。ＳＤＧｓ（持続可能な開発目標）が世界的な潮流となり、脱炭素社会を目指さねばならない状況下で、岩間氏のいう「畜力」は、新たな価値を生み出しうる。化石燃料を使わず、環境を破壊せず、それどころかボロにより自然を再生させることもできる。効率化とは相容れない世界だが、うまく農機具や小型の機械と組み合わせることで新たな使い方も模索できる。

それでも活動や組織の維持には先立つもの＝資金が必要だ。篤志家の登場を待つだけでは続かない。岩間氏はその点もよく認識しており、日本酒以外にも、馬耕や馬搬から生み出される商品の研究開発も進

セネガルで街中を走る馬車に乗る岩間氏。

めている。将来は二酸化炭素の排出権を利用し、馬搬・馬耕による環境負荷低減効果を資金化することも考えている。

岩間氏が現在取り組むユニークな活動に関わるJRA調教師がいる。先日引退したブラストワンピースを管理していた、美浦の大竹正博師だ。角居氏が代表理事を務めるホースコミュニティの理事の1人でもある。引退馬のセカンドキャリアとして馬耕を考えているとのこと。

今回のホースメッセにはサブタイトルがある。「コロナ後の世界を馬と創る」。馬好きには響くフレーズだ。馬と創る世界の中に、競馬や乗馬だけでなく馬耕や馬搬が入ってくれば、馬の世界にも新たな風景が広がるかもしれない。

競走馬の再就職

ドライビング

２０１８年の有馬記念を制したブラストワンピース。管理した大竹正博調教師は、引退競走馬の使い方の一つとして馬で畑を耕す「馬耕」に取り組んでいる。

その昔、トラクターなどの機械が普及する前は、畑を耕す主力は馬や牛といった家畜だった。使われる馬はいわゆる「農耕馬」。ペルシュロンやクライスデールなど重種の血が入っている場合が多かった。彼らは、人を乗せるというより、馬車など何かを「ひく」仕事をするための馬だ。背に人を乗せることをメインにしている軽種とは、出自からして異なる。その点で「競走馬で馬耕はできるのだろうか？」と疑問が湧く。

競走馬の初期馴致に「ドライビング」と呼ぶトレーニングを行う。ロングレーン（調馬索）をかけ、人が後ろから馬に指示を与える。馬の視野は３００度以上とかなり広いが真後ろは見えないし、後方の様子は片方の目にしか映らない。見えづらいところから指示が出るのだから、初めての馬にとっては恐怖を感じるだろうが、この訓練を施すことで、前進・後退といったレーン(手綱)による重心移動の指示を、人が騎乗する以前に学ぶことができる。

馬耕や馬搬に馬を使う際は、同じようにロングレーンによる訓練を行うのだそうだ。そういった意味で競走馬は初期の訓練ができているともいえる。とはいえ、カルチベータ(土を耕す農機具)や馬耕すきをつけ、それをひっぱるとなると難易度はさらにあがる。どんな競走馬も皆同じように可能かといえば、資質の差はあるだろう。すべての競走馬が、引退後乗用馬として使えるわけではないのと同じだ。まして馬耕ともなればその壁はさらに高いだろう。

そんなことを思いながら、一度実際に見てみたいと考えていたら、機会に恵まれた。

馬耕訓練

馬のイベント「ホースメッセ」に講演で来ていた馬耕・馬搬の第一人者、岩間敬氏が、大竹調教師とともに引退馬の馬耕訓練をしているところを見せてくれるという。

現場は美浦トレセンに近い乗馬クラブ。冬なので固そうな土がむき出しになっている。馬は引退した5歳駒馬のサラブレッド。ロングレーンをかけるとともに後ろに土を耕すための農機具がつけられている。レーンを握った岩間師が訓練のための指示を出すのと同時に大竹師がそれを操作する。

後ろに人はいるし、農機具による負荷もかかって、サラブレッドにとって決して快適な状況ではないが、意外におとなしく指示に従っている。さらに負荷に耐える訓練のため、農機具の代わりに人を乗せた畳を引っ張るトレーニングも行われた。こういった訓練を繰り返し、人の指示に従って畑を耕す馬にしていく。

思っていた以上の馬の動きに可能性を感じた。今のところ、引退馬の仕事としては乗馬関係がメインだが、馬耕や馬搬がそこに加われば、再就職の幅が広がる。

以前取材した角居氏は引退馬の利活用には、「場所・人・資金」の問題がついて回る、と指摘していた。サラブレッドでの馬耕が可能であれば、これらの問題にもある程度目処がたつ。

美浦トレセンの周りには農家が多い。同時にトレセンや育成場で仕事をしてきた馬扱いに長けた多くの人材がリタイアして住んでいる。農業を知る農家と馬を知る人たちのタッグは、馬耕には欠かせない要素。美浦なら土地と人の問題はある程度クリアされそうだ。

また馬によって耕された農地から生み出された農作物には、新たな商品価値が加わる。馬力(畜力)という低炭素社会にマッチしたエネルギーによって生産された商品は、最近の消費者に好まれるからだ。

馬耕のための訓練。ロングレーンをもっているのが岩間氏、後ろの畳に乗っているのが大竹師。

大竹師はワインが好きで中でもフランス中部のロワール地方で作られる「オリヴィエクザン」が大のお気に入りだという。このワインは、馬耕を取り入れたブドウ畑で作られているのも特徴の一つなのだそうだ。将来、美浦産の「サラブレッドが作ったワイン」なんてものができれば話題にもなるだろう。競馬ファンにとっても「応援した馬が作ったワインで一杯」となれば、一味違う新たな楽しみになるかもしれない。試みは始まったばかりだが、夢は広がる。注目していきたい。

白い雪と馬の風景

3月の新潟

美浦から車を飛ばして高速で約3時間。新潟県・十日町市に到着した。道の両側には1メートル以上の積雪。2022年3月末の新潟はまだ雪の国だ。

開催もない新潟に何の用事で来たかといえば、この地で馬耕のデモンストレーションがあるという。1月末のホースメッセで久しぶりの再会を果たして以来、馬搬振興会代表の岩間敬氏と連絡を取り合っている。氏からの情報で、十日町で開かれるイベントの野外ワークショップで馬耕の技を披露するという。

予定の時間より早く、会場となる松代(まつだい)総合体育館に到着。通常はグラウンドなのだろうか、建物の外に広い敷地が広がる。今は一面の銀世界だ。

すでに馬耕用の馬具を装着した馬が用意されていた。後ろに繋がれているのは、5つのタイヤ。地元の子供たちとその親御さんたちも集まっていた。珍しそうに、遠巻きに馬を見ている。

半世紀以上前なら田畑を耕す馬の姿は日常の風景だったろうが、21世紀の親子には直に馬を目にすることさえまれだろう。

タイヤに子供たちや親御さんが乗る。先頭のタイヤにはスタッフが乗り、長手綱を駆使して馬を操る。馬の脚下が雪の中に一瞬消えるが、雪を蹴立ててタイヤを引いていく。なんとも力強い。馬は重種混じりの農耕馬だが、ばんえい競馬でよく見る馬よりはひとまわり小型の印象だ。それでも雪の中を人を乗せたタイヤを引くぐらいは問題がない。

カメラの望遠レンズでのぞくと、馬の鼻から出る息と、足さばきに合わせて舞い散る白い雪が混じりあって美しい。

撮影アングルを変えようと、敷地が見渡せる丘へと移動する。長靴を用意していたものの、斜面は登りづらい。踏みようによっては腿の辺りまで雪にもぐる。悪戦苦闘しながら位置につき、シャッターを切った。

岩間氏の話だと、こうして人を乗せてソリを引くことが、馬耕用に馬を作る訓練の初めだそうだ。後ろに負荷がかかるものを引く感覚を身につけ、最終的に専用の農機具をつけて土を耕すことにつなげていく。子どもたちや一般の人々にも馬の力を体感してもらえるので、デモンストレーションとしても有効なアクティビティだ。イベントなどで呼ばれたときの定番ともなっているという。

岩間氏は十日町市で実際に馬耕を行い、酒米を栽培して「田人馬」という日本酒を商品化するまで手がけた。馬が作ったお酒、ということで好評を博し、ヨーロッパの日本酒の品評会では銀賞を受賞した。

白いグラウンドを進む馬と子どもたちを遠目から眺めていると、まるで一編の絵画を見ているようだ。美しい風景にシャッターを押す指に力が入る。

雪が降ってきた。なんとかもっていた天気もこれから下り坂になるという。馬を体育館下の駐車場スペースへと移す。

ひと組の親子が後ろから馬に近づく。

「後ろはあぶないから、横から近づくといいよ」

スタッフが離れていたので、自分が声をかけた。ついでに接し方、撫で方を教えてあげると

「お詳しいですね。馬でも飼ってらっしゃるんですか？」

突然の質問にどう答えていいかとまどう。

「ただの馬好きで…」

とりあえずはこう答えた。馬好きが高じて調教師になったのだから間違っているわけではない。競馬をやらない人からすると「調教師です」と答えたところで「ああそうですか」といわれるだけなので、「馬好き」の方

タイヤに人を乗せて雪道を進む馬。

が話が早い。

自然との共生

この日、岩間氏が呼ばれたのは、「第9回グリーンイメージ国際環境映像祭」というイベントでのことだった。海外の作品を含め、自然や文化、風土や生活に関わるドキュメンタリーがネットとリアルで上映される。この日は「持続可能な社会の構築に向けて　農村から考える新しい形」というテーマでアフリカのモザンビークとセネガルを舞台にした短編映画が上映された。

岩間氏の馬耕にもつながるテーマでもある。実際に氏はセネガルで馬耕による農業指導も行っている。

スクリーンには馬こそ出てこないものの、アフリカには関心があるので、自分も興味深く見させてもらった。開発が進むかの地の発展が、自然との共生という観点では様々な問題を含むことが実感できるいい映画だった。

今でこそ、一般的には「馬といえば『競走馬』」というイメージだが、かつては全国の農村・漁村に働く馬がいた。引退した競走馬も、「働く馬」として新たな役目をこなせる可能性はある。今後とも、馬耕には注目したいと思っている。

さよなら、ムツさん

スーパーマン

ムツさんが逝った。「ムツゴロウ」こと作家・畑正憲氏である。

学生の頃、ムツゴロウ動物王国の馬担当として大学の休みのたびに出入りさせてもらっていた。一緒に麻雀を打ち、ボロ負けして「お前は一生、俺の奴隷だ」といわれた。憧れのムツさんの奴隷になれてうれしかった。その後の人生でもいろいろな場面でお会いする機会があり、文字通り一生のお付き合いをさせていただいた。

学生時代に王国に行ったときのムツさんは30代後半。すでに作家として名声を確立し、同時にエネルギッシュに動物たちとつき合っていた。

ムツさんを慕って周りには自然と若者が集まったが、彼らのやることに一切口出しはしなかった。「ここを動物研究のフィールドに使ってほしい。自分のテーマを見つけ、個人として突きつめてほしい」とよく語っていた。勉強会も多かった。当時はひとりひとりがムツゴロウになることを求めていたと思う。

その思いを受け、大学卒業を機に動物王国を去るとき、決心した。

「馬で一人前になろう。次はひとかどの実績を上げてからムツさんに会おう」

約20年後、調教師の資格を得た。「これで堂々とムツさんの前に立てる」と思い、王国を訪れた。

その後、何回かお邪魔するようになり、一緒に麻雀をしたり、草競馬で同じレースに出場したりした。

ムツさんがライオンに右手中指を食いちぎられ、しばらく経った頃、一緒に麻雀を打つ機会を得た。

「まだ、痛むんだよ」

そういいながら左手で牌を積もっていた。その日はたまたまムツさんに勝てた。

翌日は草競馬の日でムツゴロウ杯があり、自分も出場させてもらった。ゴール前、痛むはずの右手で猛然と鞭を振るうムツさんの姿を見た。負けず嫌いは相変わらずだった。

その日の夜、再び麻雀に誘われた。

「馬に乗ったら治った」

といって今度は右手で牌を操るムツさん。ボロ負けして、見事にリベンジされた。

当時のムツさんは60代。取材で海外を飛び回り、年に何冊も著作を発表し、麻雀、ゴルフ、乗馬と趣味に興じつつも、研究者として本や文献から動物の最新の知見も得ていた。

若かりし頃のムツさんと自分。

「この人はいったいいつ休むのだろう」

スーパーマンぶりには舌を巻くばかりだった。

遺言

2004年に「東京ムツゴロウ動物王国」ができ、同地で定期的にムツさんのティーチイン(講義)が行われた。テレビではあまり語られることのない科学者・畑正憲の研究の一端を披瀝してくれた。実証に裏打ちされた科学的な知見の数々はすばらしいものだった。

「今日は馬の専門家も来てるので、ちょっと話を聞いてみましょう」

その日、テーマは馬で、壇上に呼ばれた。ムツさんの知見に比べれば調教師のそれなど大したことはないので冷や汗ものだったが、楽しく話をさせてもらった。

「話したことがそのまま文章になるように話しなさい」

というのを学生時代からいわれていたので、その場でも実行した。

最後に会ったのはコロナ直前の２０１９年12月。ムツさんの馬の本で稀代の名著「馬を訪ねて地球一周」のタイトルを使わせてもらおうと、東京・青山の事務所を訪ねたときだった。

ムツさんに

「サインを…」

といわれ、ムツさんのサインがもらえると思って自著を差し出すと、

「ここに書いてください」

といわれて仰天した。ムツさんに自分のサインなど１００万年早いと思いつつ、蔵書してくれるというのでサインした。

奴隷といわれ、一生のつき合いを宣言された自分にとって感無量の瞬間だった。このときムツさんは84歳。肉体の衰えはあっても往年の頭脳明晰ぶりは健在だった。

大胆にもムツさんの「馬を訪ねて地球一周」を引き継ぎたいとお願いしたとき、

「僕はもっと馬のことも書きたかったんです。ぜひ頑張ってください」

といわれた。ムツさんがこの世を去った今、自分にとってこれが遺言となってしまった。

「さよなら、ムツさん。そして、ありがとうございました。馬のことは任せてください」

託された思いを胸に引退後の仕事として取り組もうと決意をあらたにした。

第4章

Note of My Horse Research

尾形先生の衣鉢

幻の写真を発見

平日の東京競馬場

ＪＲ府中本町駅から右に柵を見るようにして東京競馬場の正門へ向かって側道を進む。平日の競馬場は驚くほど静かで、落ち着いている。開催日とは違う場所のようだ。

正門に通りかかると、近くの幼稚園に通う幼児の一団が柵越しに中をのぞいて「おうま、おうま」とはしゃいでいる。もちろん、お馬はいないので、ポスターの競走馬を見て、さけんでいるようだ。

なぜ、こんな時期にこんなところにいるのか。事情はこうだ。

２０２２年秋、東京競馬場のＪＲＡ競馬博物館で開催予定の特別展「尾形藤吉～『大尾形』の系譜～」。現在急ピッチで資料の整理、展示物の収集・作成といった作業が進められている。進捗の説明と協力の依頼について、競馬博物館の学芸員と尾形会関係者で３月某日、会合を持った。その際、議題に上ったのは写真の件。

尾形家は二度大きな火災に遭遇している。一度目は１９３９年。当時は厩舎と自宅が兼用だった。自宅は全焼したものの馬たちは全頭無事だった。二度目は１９７７年。ラッキールーラでダービーを勝ったその日に出火。まさに「禍福は糾える縄の如し（幸と不幸は交互に襲ってくるの意）」だ。

二度の火災を経て、貴重な写真や資料はほとんど焼失した。残りは当時の新聞社が撮影したもの。口取りの写真が中心で、厩舎生活でのプライベートショットはほとんどない。決まった写真しかないが、これで構成するしかないかと思われた。

そんなとき、尾形家の縁者が自宅で尾形藤吉先生の写真アルバムを保管しているという情報が入った。そこには当時の貴重な写真が残されているという。

会合の席でアルバムを見せてもらった。確かに見たことのないものばかり。所有者の許可はもらったので、展示資料に使えるとのこと。

こちらも単行本を作るのに、写真探しに苦労していたのでびっくりするばかりだった。

その日の夜、所有者とＪＲＡに連絡を入れた。「小桧山さんだったら自由に使ってＯＫ」ということで許可をもらえた。ありがたい話だ。

善は急げ、ということで、翌日、改めて写真を借りに競馬博物館に単行本の担当編集者と赴いた。

「こちらでお預かりしている写真はこのアルバムにあります」

数冊のアルバムをもって現れたのは昨日の会合にも参加していた競馬博物館の学芸員・秋永和彦氏。同行の編集者が目を皿のようにしてアルバムのページをめくる。興奮が隠せない様子だ。さんざん探して見つからなかったものが目の前にあるのだから。

騎手時代の「尾形景造」(尾形藤吉先生には「景造」を名乗っていた時代があった)の写真、往年の厩舎や調教の写真は特に貴重なものだ。

思った以上に豊富で、単行本の巻頭にグラビアページをつけて紹介することにした。

ゆかりの神社をお参り

「資料と照らし合わせるためにこんなものも手に入れました」

秋永氏が持ってきてくれたのは、昔の東京競馬場の周りの住宅地図。競馬場内の厩舎群が掲載されており、細かく厩舎名まで入っている。これまた大変な資料だ。

40年以上前の記憶を辿る。大学馬術部に所属し、アルバイトで東京競馬場内に出入りしていた。地図に載っ

東京競馬場の近く、府中市清水ヶ丘にある瀧神社。

ている辺りもよく歩いていた。自分が覚えている各厩舎の位置関係と完全に一致している。カメラを片手にアルバイト学生が名だたる名門厩舎の名馬を勝手に撮っていたのだから、いくら時代がよかったとはいえ、よくつまみ出されなかったものだ。

地図には尾形家のあった清水ヶ丘の住所も出ていた。来たついでなので行ってみることにした。

今はＪＲＡ職員の社宅になっている辺りが昔の尾形家の所在地だ。すぐ近くには「瀧神社」という小さな社(やしろ)があり、清水ヶ丘の由来となった小川が脇を流れている。尾形先生もよくお参りしていたという。

どういうわけか社の側面の壁にはＪＲＡの現役騎手たちの色紙が飾られている。

「神社に飾るからといわれてなんだかわからないうちにサインをさせられたことがありました」

某騎手がいっていたのを思い出した。ここにこうしてあることを知る騎手はおそらくいないのではないか。隠れた名所の類だろう。興味のある人は行ってみるといい。

写真を借り、尾形家ゆかりの神社も訪問し、単行本発売の報告もした。なんとかそれなりの評判になってほしいと願うばかりだ。

競馬界の巨人が遺したもの

企画のきっかけ

2022年4月16日、拙著「尾形藤吉〜競馬界の巨人が遺したもの〜」を出版した。いろいろあったものの、なんとかここまでたどり着いた感じだ。

もともとのきっかけは、尾形充弘先生が2018年に引退したときだった。先生に記念になるようなものを差し上げたいと考え、尾形家の物語を書籍化することを考えた。いろいろ調べていくうちに、思った以上に資料が少なく、「これは容易ではないな」ということがわかってきた。同時に、自分などがそんな大それたものを作っていいのか、という思いにかられた。

そうこうするうちに時間が経ってしまった。その間、最後の弟子の1人で尾形会会長の伊藤正徳氏や同じく会の重鎮・吉田晴雄氏が相次いで亡くなるなど、自分にとって衝撃的な事態が続く。「早く形にしないといけない」。焦りにかられた。

そんなとき、二つの事情が重なった。

一つは、ＪＲＡ競馬博物館で特別展「尾形藤吉～『大尾形』の系譜～」が企画されたこと。尾形会が協力する形でＪＲＡが資料探しを進めることになった。個人で行うには限界を感じていたので、非常に助かった。

二つ目は週刊Ｇａｌｌｏｐでの連載が始まったことだ。もともと海外の馬を巡る旅を企画していたところ、コロナで不可能になった。そこで、尾形藤吉先生の単行本「調教の秘密」を解説する企画に変更した。幸い、厩舎サークルなど、一部で好評を博した。調教師の本音を書かせてもらったのがウケたのだと思う。「これなら書籍化してもいいのではないか」そう思えるようになった。「調教の秘密」についての連載が終わり、原稿が揃った。

尾形先生の伝記、調教の秘密についての解説、その他後日談的な話や尾形充弘先生のインタビューも取れた。形としてまとめられるだけの材料が揃った。

その間、２０２1年7月には、尾形充弘先生が第2回競馬功労者表彰（農林水産大臣賞）を受賞するといううれしいニュースが飛びこみ、出版作業にも拍車がかかった。

それでもコロナの影響で、遅々として作業が進まない時期もあり、今まで伸びてしまった。

尾形一門系統図

困難を極めたのが、写真の収集と尾形一門系統図の作成である。写真についての顛末は236ページに記した通りだが、結果的に価値のある写真が揃えられたと思う。

当初系統図はあくまで付録で、元の資料があるので問題ないと思っていた。最新データを付け加えればそれで済むと思っていたが、尾形会の集まりのときに、諸先輩に見てもらっところ、いくつか問題があることがわかった。その後関係者で話しながら加筆修正をほどこした。

誰が誰の弟子というのは案外すんなりとは決まらない。厩舎間の人の異動はけっこう頻繁だし、本人に「〇〇先生の弟子」という自覚がまったくないケースもある。こうしてともかくも現時点での最新版ができた。それなりの資料的な価値はあると思う。

ここでひとつ断っておきたい。尾形会としての協力をいただいたものの、この系統図はあくまで私家版として作ったものである。したがって、問題があるとしても尾形会にあるのではなく、あくまで小桧山個人にその責がある。その点は明確にしておきたい。

そもそも自分が尾形会に入れたのも偶然に過ぎない。当初所属する予定だった厩舎の先生が急逝し、厩舎は解散。その後もなかなか所属が決まらず、巡り巡って畠山重則先生のところでお世話になることに。畠山先生が尾形藤吉先生の直弟子・田中和夫先生の弟子だったことから、尾形会の系列となった。

編集作業を進める過程で、改めて尾形藤吉先生の生涯に触れた。その偉大さが胸に響いた。先生がいたおかげで今の競馬界がある。自分たちも厩舎人として生きていける。ファンも競馬を楽しめる。

自分がＪＲＡに入った１９８１年の秋に尾形藤吉先生は亡くなった。遠目にお姿を見たことはあっても親しくお話しさせていただいたことはもちろんない。それでもひ孫弟子がこんな本を出したことを、天国からにっこり笑って見てくれないかとひそかに期待している。

「尾形藤吉」本の反響

卒業論文

２０２１年４月に始まった週刊Ｇａｌｌｏｐの連載「私の馬研究ノート」も２０２２年５月で60回目となる。厩舎サークルの暦はダービーからダービーで１年という感じなので、第89回日本ダービーを終えた今、連載１年目が終了したような気になっている。

コロナでなかなか身動きが取れない中、半ば見切り発車でスタートしたが、尾形藤吉先生の本「調教の秘密」を取り上げたことで、拙著「尾形藤吉～競馬界の巨人が遺したもの～」が生まれた。４月16日の発売なのですでに1ヶ月が経つ。

「尾形藤吉先生のことを書くなんて、不肖小桧山、大それたことをしたもんだ」という思いをいだきながらも、一方で「これは厩舎サークルに40年身を置き、２０２４年に引退を控える自分の『卒業論文』だ」という気持ちもある。

出版後、改めて読み返す。内容に関しては、「本当にこれでよかったのか、もっと他のやり方もあったんじゃなかったのか」とも思う。生誕130年という時間的な区切りもあり、ともかくも形にすることを優先した結果でもある。「もともと力不足なんだから仕方ないか…」と自分を納得させている。

せめてもの気持ちと思い、競馬界の諸先輩方や親しい関係者への献本の際には、お礼状を直筆で書かせていただいた。ただ書いてもつまらないので、自分が撮りためたゴリラ写真の紙焼きの裏を使った。親交のある作家・吉川良氏がよくコラージュした写真などを絵葉書にして書状をくれるので、それを真似た。

おかげさまで厩舎サークル内の各方面からさまざまな反響をいただいた。スポーツ紙にも取り上げてもらったし、作家の島田明宏氏はネットのコラムにも書いてくれた。評判は概ねよいように思うが、仲間うちのことなので優しく対応してもらえただけかもしれない。そこは謙虚に受け止めたい。

それでも素直にうれしい反応もある。長年親交のある、大学の後輩であり、尊敬する調教師でもある国枝栄師から「コビさん、すごいよ」と声をかけられたときは、本当にうれしかった。ゴルフや麻雀以外のことで、まして競馬に関係することで、そんなふうにいわれたのは初めてだ。

衝撃の発言

4月21日、尾形会の総会があった。尾形藤吉先生・生誕130年を期して、会の公式写真を撮影しようということになり、メンバーが集合した。出版後のことだったので本に関しても何かいわれるかもしれないと覚悟して臨んだ。

もっとも、会の重鎮、尾形充弘先生には出版直後に直接手渡していた。校正作業の最中、事前にゲラに目を通してもらっていたとはいえ、完成品となると印象も違う。緊張したものの、大変喜んでくれた。正直、ホッとした。

幸い、メンバーから指弾を受けることもなく、あまつさえ尾形会でまとめて購入してもらえることになり、かえって恐縮した。ありがたい話だ。

こうして撮影された尾形会の集合写真を眺めながら、あらためて尾形藤吉先生が遺されたものの大きさを思う。それでも没後40年となり、厩舎サークル内でさえ、その名が記憶から消えつつあるのも現実だ。昔のことを知らない若い厩舎人も増えている。

本を読んだ自厩舎の原騎手から、

「伊藤正徳先生って昔、騎手だったんですね」

といわれた。衝撃の発言に腰が砕けた。

「尾形藤吉厩舎最後のダービー制覇のときの主戦ジョッキーにむかって、なんちゅうことをいうのか」

とも思った。身内の言葉だけに恥ずかしい限りだが、原騎手からすれば昔々のその昔、まあ江戸時代の話みたいなものだから、この反応も致し方ない。若い調教師や関係者、競馬ファンもほぼ似たようなものだろう。

とはいえせめて厩舎サークルにいる者にはこれぐらいの歴史は知っておいてほしい。拙著がいくらかでも役に立つと思いたい。

聖地巡礼

生誕の地

２０２２年８月、車で道央道を南下し、伊達ＩＣで一般道へと下りる。そのまま海側へと向かう。目指すは、北海道伊達市網代町。尾形藤吉先生、生誕の地だ。

先生の著作「競馬ひとすじ」によると、生まれた場所は「北海道有珠郡伊達町字網代町」。生家は「二町五反歩ほどの水田・畑があり…」とある。「二町五反歩」といえば東京ドーム半分の面積に当たる。そこを家族以外に、２頭の農耕馬、２人の小作人で耕作していたというから、開拓農家としては中堅どころで、決して貧しくはなかっただろう。

ともかくも網代町へと向かう。北海道によくある人気のない地方の町をイメージしていたが、行ってみると予想外に開けた町だった。馬産地の日高よりよほど活気がある。

ナビを見ながらなんとか網代町の中心街にたどりついた。２００メートルほどの直線道路の両側に飲食店などが並んでいる。いかにも商店街といった趣で、街灯には「Ａｊｉｒｏ Ｒｏａｄ」と表記があった。明治の中頃は、この辺りの一部が大河原家（先生の最初の姓は大河原。その後、母方の尾形家を継いだ）の土地だったはずだ。すべての出発点はここにある。

幼い頃から農耕馬の背がゆりかごであり、遊び場だったという。馬乗りの資質がこの地で育まれたのかと思うと感慨深い。

商店街の途中に小ぎれいな公園があった。買い物に疲れた人が休むのだろうか、よく整備されている。ここに「不世出の調教師・尾形藤吉、生誕の地」とかいたモニュメントでもあれば、いかにも記念公園といった感じになりそうだ。

「勝手に作っちゃおうかなあ」

そんな気持ちになった。

人生の出発点

伊達市を離れ、今度はひたすら北上する。目的は室蘭本線・苫小牧の次の駅「沼ノ端（ぬまのはた）」。

尾形先生の「競馬人生スタートの地」、室蘭本線・沼ノ端駅。

今でこそ、室蘭本線は長万部から岩見沢に通じているが、明治の末ごろはここが終着駅だった。先生の著作「調教の秘密」によれば、16歳の先生は故郷の伊達町から汽船に乗って室蘭へ。室蘭から汽車でこの駅に降り立った。ここから最初の就職先となる新冠御料牧場へと向かう。当時、沼ノ端駅から新冠までは馬車の旅だった。

「私の競馬人生はここからスタートした。阿部の大叔父(すでに御料牧場で働いていた親戚)と荒野を馬車に揺られ、新冠御料牧場へ向かった。…(中略)…阿部の大叔父に『いいか、一生懸命やるんだぞ』馬車を待つ間もいわれたことがあった」

本には以上の一文とともに1969年に先生がこの地を再訪したときの写真が載っている。駅舎は木造でいかにもローカル線の鄙びた駅といった感じだ。

実際に行ってみると、今は昔の面影は全くない。ただ、外観はりっぱだがローカルな印象は拭えない。とはいえ、ここを起点に南下して苫小牧・室蘭へと向かうので日に何本かは特急も止まる。

青雲の志を抱き、人生の最初の一歩を踏み出した尾形先生。馬車に揺られながら胸に去来したものはあふれんばかりの熱情か、将来に対する不安か。のちに大調教師となる稀代の人物の心ははかりしれないが、おそらくは希望と不安がないまぜになっていたのではないだろうか。

沼ノ端の駅は先生の思い出の地であると同時に、のちの人生を思えば、日本競馬史の出発点となったともいえそうな場所でもある。そう考えると、ローカルな駅舎が神聖なものに見えてきた。

広大な牧場

青雲の志を抱き、室蘭本線・沼ノ端駅を降りた16歳の尾形藤吉先生は、迎えに来た馬車に乗って新冠御料牧場へと向かった。１９０７年11月のことだ。生まれ故郷の伊達町を出て、船、汽車、馬車と乗り継ぎ、新冠に到着するまではつごう5日の行程だった。往時の苦労が偲ばれる。

同じ行程を高速道を使って車で移動する。結果、3時間程度で伊達から新冠に着いてしまった。申し訳ないような気持ちになる。

尾形先生が馬術見習生として修行に出た頃の新冠御料牧場は、宮内省管轄の皇室御用達の牧場としてサラブレッドはもとより軍馬や農耕馬など数千頭にも及ぶ多くの馬を有した。その広さは東京23区より広い約7万ヘクタールにも及ぶ。新冠といいながら現在の新冠、静内、沙流一帯にまたがる広大な牧場だった。

尾形先生は主に種牡馬の飼養を担当していたようだ。難しい種牡馬の、乗り運動をいかにこなすか、自分の頭で考え、工夫したことが著作にも記されている。宮内省から来ていた馬術の名人に教えを請うだけでなく、馬から多くを教わったとも書いている。今とは比べものにならない厳しい環境下で、馬乗りとしての最初の修行に励んだ。

高速道の最終地点から国道235号線を北上する。左に折れて新ひだか町の静内から桜並木で有名な二十間道路を目指す。新冠からこの辺り一帯は特に牧場の数も多く、自分にとっては美浦に次ぐ「第二の仕事場」だ。新冠から静内にかけてこの一帯すべてが新冠御料牧場だったことを考えると、あまりの広さにあ然とする。

当時は牧場に関係する人たちだけが住んでいた。戦後、占領軍の政策による農地解放に基づき、牧場も解放され、小作人などに分け与えられたり、新たな入植者により改めて開墾されるなど、細かく分割された。こうして誕生したのが、今の馬産地としての姿だ。

豪華な造り

二十間道路の左右に広がる牧場群を眺めながら車を進める。「家畜改良センター新冠牧場」まで来ると、その先は関係者しか入れず行き止まりとなる。

左手には牧場の柵は見えず、代わりに松林に囲まれた一角と木造の大きな建物が道路を挟んで二つ、さらに鳥居のある神社も見える。正直、あまりここまで来ることはないので、「古い建物があるなあ」ぐらいの感じでしかなく、じっくり見たことはなかった。

二十間道路から左に折れた道路の、向かって右側の建物は「龍雲閣」(旧宮内庁新冠御料牧場凌雲閣)だ。皇室関係者や政府要人の客舎(貴賓舎)。その目的に違わず、遠目にも豪華な造りに見える。ただ、着工が1907年、竣工が1908年となっているので、尾形先生がその完成した姿を見たかどうかは定かではない。

修復され、今も現存する龍雲閣（旧宮内庁新冠御料牧場凌雲閣）。

往時を偲ばせる建築物として修復を施されながら今に至っている。新冠御料牧場の記念碑的な建築物だが、残念ながら特別期間を除いて一般には内部は公開されていない。

道路を挟んだ龍雲閣の反対側の松林の一角にも平屋建ての古い木造建築物がある。こちらは、御料牧場の事務所だった。1920年に建てられ、1969年まで実際に使われていた。

こういう古い建築物を眺めていると、あらためて新冠御料牧場が当時の馬産地にとってどんな地位を占めていたかがわかる。尾形先生は期せずして、まさに保守本流の地から競馬界への道を歩み始めた。そこに「偶然という名の必然」を感じるのは自分だけだろうか？

1908年夏、御料牧場に馬を見に来ていた東京目黒の騎手兼調教師・菅野小次郎師に見出された尾形先生は、騎手見習い、いわゆる「あんちゃん」として上京する。結局のところ新冠御料牧場にいたのは10ヶ月ほどだったが、馬乗りとしての騎乗・調教技術の基本をこの地で学んだことを著作でも強調している。大調教師を生んだ揺籃の地であったことは間違いない。聖地巡礼には欠かせない場所だ。

蘇る「大尾形」の事績

特別展始まる

2022年10月8日、秋の東京競馬開催初日、新装なったJRA競馬博物館で特別展「生誕130年記念 尾形藤吉『大尾形』の系譜」が始まった。関係者の1人として開催にこぎつけられて感慨深い。

思えば初めて話が出たのは2019年の頃だった。「生誕130年を迎える2022年に尾形藤吉先生の事績を紹介することはできないだろうか?」そういう話が関係者から出てきた。有志による働きかけが功を奏し、競馬博物館での特別展の開催が決まった。ただ直後にパンデミックが来て、開催が危ぶまれる事態に。多くの関係者の尽力の末にこの日を迎えた。

エントランスホールに入ると正面に特別展を伝える大きなパネルがある。先生の写真とともに、開催の趣旨と先生が残した記録、1966(昭和41)年に授与された勲五等雙光旭日章の表彰状と勲章の実物などが飾られている。展示協力者の一覧も出ており、自分の名前もある。恥ずかしくも誇らしい気分だ。

エントランス・ギャラリーに入ると、藤吉先生の生涯が、各時代によってパネルで紹介されている。誕生から少年期のエピソード、競馬の世界に足を踏み入れるきっかけ、騎手時代の活躍から兼業した調教師としての実績、戦中の苦労と戦後の大躍進。「大尾形」と称されるまでの道のりが、しっかりと印象に残る構成になっている。

中でも先生を支えた各時代の人物の紹介が興味深かった。当時の名士たちに支えられてきたのがわかる。実績はもちろん、人間としての魅力が名のある人たちを引きつけてきたのだろう。こういった人々の家からもトロフィーを始め、当時の貴重な品々が提供され、飾られている。自分も見たことがないものばかりだった。

「馬はもちろん大事だが、つき合う期間は短い。それに比して人との縁は長い。人とのつき合いは大切にしなければならない」

先生はよく語っていたという。

まったくその通りだと思う。厩舎人として、尾形会の一員として、あらためて胸にささる言葉だ。

ギャラリーを進み、左に折れると特別展示室に進む。そこには、尾形充弘氏や松山康久氏など生前の先生を直接知る厩舎人の証言がパネルで紹介されている。これらを見ると、あらためて先生の人となりが浮かび上がる。

JRA競馬博物館で始まった特別展「生誕130年記念 尾形藤吉『大尾形』の系譜」のパネルの前で。

この部屋で常時流されている25分ほどのビデオもおもしろかった。10年前にグリーンチャンネルで放送されたものだが、先生の事績を写真や映像とともに孫の尾形充弘氏が証言を交え、わかりやすく解説している。一見の価値があると思う。

系譜の広がり

1階のエントランス・ギャラリーを見終えると、展示は2階へと続く。ここでのテーマは「系譜」だ。先生は多くの優秀な弟子を育てた。その教えは直弟子から孫弟子、さらにひ孫弟子へと延々と引き継がれている。「『大尾形』の系譜」がそこにある。

展示はまず系譜図から始まる。名前を見ているだけでも、日本競馬史が理解できる。現役の騎手・調教師の名前も数多く出ているので、今の競馬との関わりもよくわかる。若いファンにもおもしろいと思う。

奥へ進むと、特に業績を上げた直弟子をひとりひとり丁寧に紹介するコーナーがある。これら偉大な先輩たちがいなければ、近代競馬は成り立たず、今に続く隆盛もなかったはずだ。これだけの優秀な弟子を育てた先生の手腕には驚愕せざるを得ない。

ちょっと裏話を。特別展の一枚ペラのパンフの裏に、先生が育てた8頭のダービー馬と対を成す形で8人の直弟子の名前がある。「8」という数字に合わせたと思われるが、これだけの直弟子の中から8人を選ぶのは容易ではなかった。結果的にはいずれも押しも押されもしない重鎮の方々が選出されたが、異論もあった。どこを観点とするかでベスト8は変わる。喧々諤々の議論の末、この8人に落ち着いた次第だ。こういった経緯もあり、展示では8人以外の直弟子も取り上げられている。

生涯、真摯に競馬に向き合い、厳しい指導のもと、優秀な弟子を育て、さらに厩舎所属馬を初の海外遠征に出すなど、先見性ももっていた尾形藤吉先生。特別展全体を見ると、それらが立体的に浮かび上がる。関係者の協力のもと、競馬博物館の方々が頑張ってくれたおかげだと思う。

ラストクロップ

恥ずかしい間違い

「お父さん、これ間違ってるよ。訂正しないと失礼だよ」

ある日のこと、娘に突然いわれた。

指摘されたのは、拙著「尾形藤吉〜競馬界の巨人が遺したもの〜」の中の「尾形一門系統図」のページである。上段の最後の最後、つまり尾形藤吉最後の直弟子、馬でいえばラストクロップにあたる人物の名前が間違っていた。

その人物の名前は正しくは「臼井(うすい)武」。ページには「白井(しらい)武」と記載されている。漢字にすれば真ん中にスペースがあるかないかだが、もちろん間違ってはいけないところだ。私も担当編集者のK君も見逃してしまった。誠にもって恥ずかしい限りである。すでに発売されてしまったので訂正もできない。もし重版になったら真っ先に変えたい。

この話を尾形会の菊川正達調教師にしたら、

「それならお詫びの意味でも、本人の話も書いてあげてください」

そういわれた。現在、ご本人は体調を崩されて入院中とのこと。

よい機会かとも思い、こうして書かせてもらった。

幻の重賞

臼井武氏は1953年生まれ。騎手で、引退後調教助手となった。最後の尾形門下生の1人となり、1977年騎手デビュー。1981年に尾形藤吉先生が亡くなった後は尾形盛次厩舎へ移り、その後フリーに。1997年に騎手を引退するまでの20年間で通算1085戦133勝。主に障害騎手として活躍した。障害だけでも646戦104勝。うち重賞を8つも勝っている。1988年にはJRA最多勝利障害騎手のタイトルを獲得。押しも押されもせぬ障害の名ジョッキーだった。

重賞8つのうち5つは東京障害特別(現・JG3東京ジャンプステークスまたはJG2東京ハイジャンプ)、2つは中山大障害(現・JG1)だ。残るひとつは「東京大障害」。当時でも耳慣れないレース名だ。それも

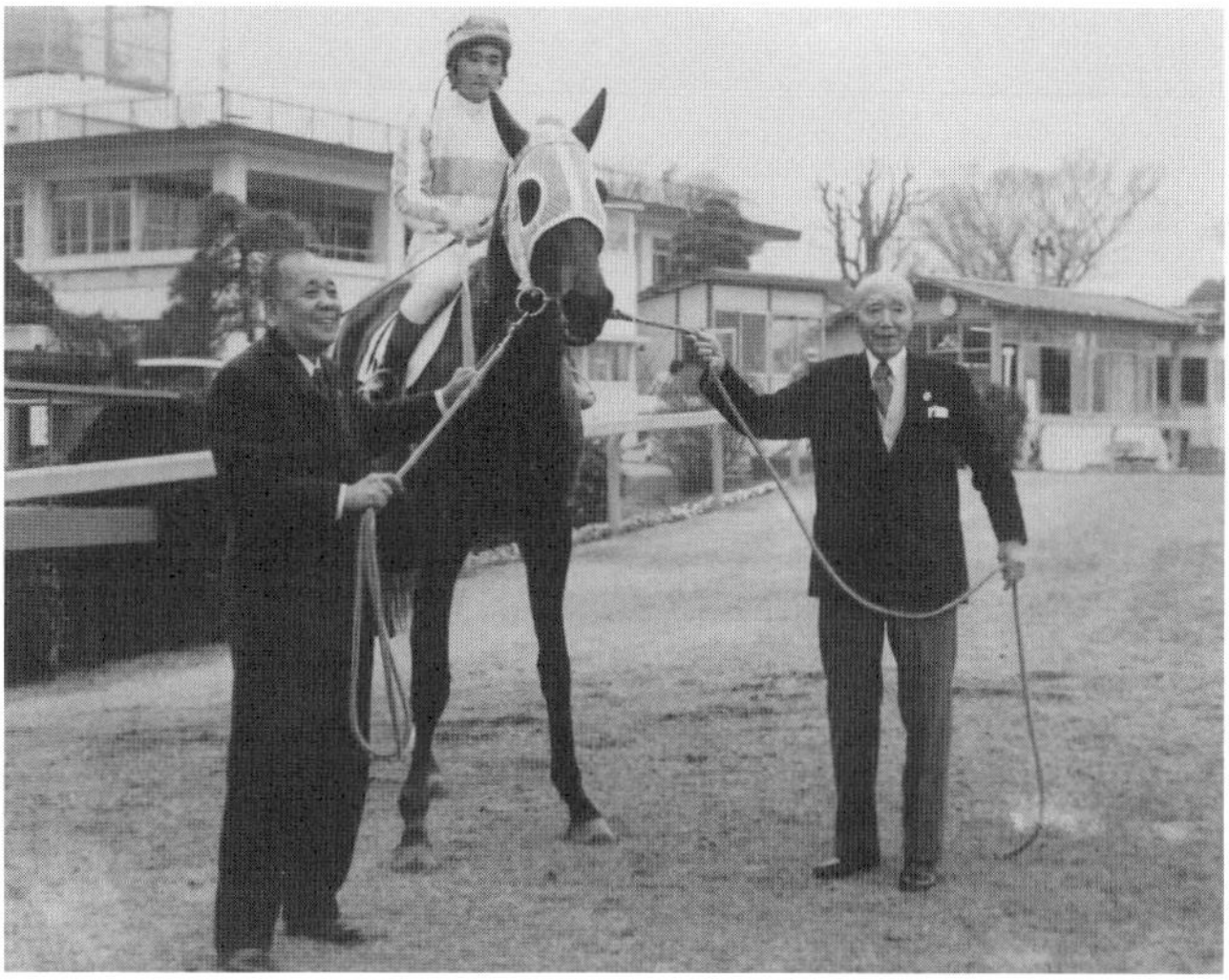

1979年メジロコウズでオープン障害ステークス（中山）を勝ったときの臼井武騎手。

そのはずで、後にも先にも一回しか行われなかった幻のレースなのだ。

1988年のその年、中山競馬場では大規模な改修工事が行われた。したがって春の中山大障害も東京で行われることに。通常東京の障害コースは、3100〜3300メートルほどだが、このときは中山大障害に合わせ、当時あった襷コースをうまく組み合わせて4000メートルのコースにした。

臼井武騎手はこのレースにメジロアイガーで勝利している。こうして唯一無二の幻のレース「東京大障害」に勝利したジョッキーとなった。

都合重賞8勝中6勝が東京競馬場のものだから、よほど東京が得意だったに違いない。当時は東京にも襷コースがあり、中央を斜めに突っ切るようになっていた。ずいぶんとトリッキーなコースで、ペース配分なども今より難しかったかもしれない。

臼井武氏は１９９７年に騎手を引退すると、尾形充弘厩舎で調教助手となった。同厩舎ではＧ１４勝のグラスワンダーを担当していた。

同世代として同じ時代の空気を吸い、その活躍に注目。ひそかに応援していた。障害中心とはいえ１９８０年代を代表する騎手として、「最後の尾形門下生」の名に恥じない活躍をされた。

今は闘病中とのことだが、一日も早い回復を祈りたい。

言葉の重み

記念セレモニー

２０２２年11月26日、東京開催の土曜日、第４レース終了後のウイナーズサークルにＪＲＡ関係者とともに自分も向かった。ふだんは口取り写真の撮影や重賞の授与式に使う場所だが、今日は特別だ。主役は秋の叙勲で勲五等旭日双光賞を受賞した尾形充弘先生。直前に場内のＪＲＡ本部で伝達式があり、実際に勲章が手渡された。ウイナーズサークルでは、受賞記念セレモニーとして、ファンへお披露目をすることになっていた。

挨拶の前に日本調教師会会長・手塚貴久師より花束が贈呈され、ターフビジョンにこれまでの業績等が映された。続いてマイクが用意される。やや緊張気味ながらもいつもと同じく堂々とスピーチが始まった。

「祖父・尾形藤吉の生誕１３０年にあたるこの年に同じ旭日双光賞をいただく栄誉に浴し、祖父にもいい報告ができます」

場内から拍手が起こる。

「尾形藤吉は祖父というより師匠です。現在、競馬博物館にその足跡を展示させていただいています」

スピーチの終わりには、開催中の特別展「尾形藤吉『大尾形』の系譜」の話にも触れた。受賞の契機が偉大な師匠でもある祖父に続いていることを語った。

立派な成績もさることながら、「尾形藤吉の孫」という重責を見事に果たし、日本調教師会会長としても競馬界の発展に尽くした業績は叙勲にふさわしいとあらためて思う。同時期を厩舎サークルで一緒に過ごさせていただき、身近にその活躍を見てきた自分には、先生の胸の勲章がより輝いて見えた。

大調教師の貫禄

午後からは競馬博物館のミュージアム・ホールに舞台を移し、特別展開催記念トークショーが行われた。司会は保田隆芳氏(元騎手で尾形門下生)の孫で声優の河合沙希子さん。歳はかなり離れているものの、偉大な厩舎人の孫同士の対談という形になった。

「師匠でもあったお祖父様から直接調教師としての指導などは受けられたのですか?」

河合さんの質問に対して
「何かを教えてもらったということは一切ありませんでした」

と答えた尾形先生。

「見て学べ」の時代だったことはもちろんだが、藤吉先生はともかく無口で門下生に対しても無駄なことはいわない人だったといわれる。

「北海道の牧場に運転手として同行したときのエピソードです。生産者である牧場のオーナーが次から次へと馬を連れてきて熱心に説明していました。祖父は相槌をうつでもなく、馬をじっと見ているだけで何もいわない。

車に乗って帰る間際に
『あの○頭目の馬をいただきましょう』

と一言いって去ってしまいました。

その晩、宿泊先に牧場主がやってきて、恐る恐る聞きました。

『それで、いかほどでお買いいただけるのでしょうか?』

それに対しても一言だけです。

『あなたの言い値で買いましょう』

その生産者を信用していたのでしょう。ほかにも私の知る限り、そういう場面で一切値引きの要求などしたことはありませんでした。一言が非常に重い人でした」

「大尾形」の貫禄を示す逸話だ。

最後に聴衆に向けてこんな話をした。

「競馬はファンの皆さんにとって一つの娯楽だと思います。我々は娯楽を提供するエンターテイナーですが、何よりも我々にとって重要なのは公正競馬をきちっと守ることなのです」

尾形先生は常々、公正競馬の重要性を口にしてきた。日本調教師会会長のときは、毎年総会で「公正競馬確保の宣言」をやっていた。今の競馬ファンには「何を今さら」という感覚かもしれないが、100年を超える日本競馬の歴史は、「いかに公正競馬を確保するか」の積み重ねでもある。ここが揺らぐと競馬という業界自体が成立しない。JRAも我々厩舎サークルの人間も尽力してきた。表には現れにくい、いわば陰の努力ではあるが、先生はそこを強調したのだ。聴衆へというよりは、われわれ調教師や関係者に向けた言葉だろうと思う。競馬界から出た久々の叙勲者の言葉は重い。尾形先生にはこれからもお元気で、業界を支援していただければ、と思う。

久々の尾形会

年間の総括

2023年5月11日、久々に尾形会が開催された。最後の会が2019年1月だから、4年ぶりとなる。コロナ禍がとりあえず収束し、マスクなし、ソーシャルディスタンスなしで開催できたことがうれしい。この間、尾形会関係でいろいろなことが起きた。それらを総括する形となった。

まずは表彰関係。1人は2022年7月に1000勝を達成した国枝栄師。競馬界の保守本流・尾形会の伝統を受け継ぐ壮挙だ。これがきっかけになって、国枝師の前、2014年1月に1000勝していた松山康久氏に対して会としての表彰がなかった事実が発覚。遅まきながら、この機会に表彰しようという話になった。

尾形会関係で1000勝以上の調教師といえば、始祖となる尾形藤吉先生が1670勝、松山吉三郎氏が1358勝、松山康久氏が1013勝、、そして現役の国枝栄師が1038勝(2023年6月4日現在)。日本競馬の歴史に燦然と輝く数字だ。

国枝師の1000勝により、改めて松山氏の記録がクローズアップされる形になって尾形会としてはよかったと思う。

松山氏、国枝師につぐ3人目の表彰者は、現会長・尾形充弘氏。2022年11月に旭日双光章を受賞している。

定年退職者への慰労も行われた。2022年に引退した田中清隆氏と古賀史生氏の2人。

会長から表彰の3人と合わせ、5人に花束贈呈という段取りだったが、「自分が自分に渡すのは変だし、代理というのもどうか」ということで会長本人は固辞された。

引退するものがいれば、新しい入会者もいる。青木孝文師、小手川準師の2人が紹介された。

参加は総勢40人以上と往時に迫る人数だが、人の中身は入れ替わる。2020年8月に前会長の伊藤正徳氏が亡くなり、同年に後を追うように前々会長の吉田晴雄氏が亡くなった。

そして何より大きかったのが、生前2人も楽しみにしていた尾形展。2022年10月〜2023年2月に競馬博物館で「生誕130年記念 尾形藤吉『大尾形』の系譜」のタイトルで特別展が開催され、盛況のうちに幕を閉じたこと。これに付随して、特別ゲストとして競馬博物館の遠藤館長と秋永学芸員が参加。挨

尾形会、表彰の3人。左から尾形充弘氏、松山康久氏、国枝栄師（後ろの人物は菊川正達師）。

拶してもらった。

意志を継ぐ

盛況のうちに滞りなく終了した久々の尾形会だったが、自分にとっては現役で参加する最後となる。感慨深いものもあるが、定年退職となった後もこうしてあたたかく迎えられ、諸先輩や後輩たちに会える機会があることは喜ばしい。帰るところがあるという感覚だ。思えば、当時の会長・伊藤正徳氏に無理やり入れてもらってから、20年以上が経つ。その間、幹事役などをやらせてもらった。厩舎サークル外からやってきて、伝統ある尾形会に関われたことは誇りでもある。

尾形会の発足が正式にはいつのことだったか、正確に知る人はもはや存命していない。昭和30年代のことだったという。最初は存命だった尾形藤吉先生を囲んでの直弟子たちの集まりだったが、藤吉先生が亡くなった後は、その「意志を継いでいく会」として、孫弟子や関係者にまで広がった。すでに半世紀以上の歴史がある。

今回生誕130年の特別展を開催したことで、あらためて尾形会というものが、競馬ファンだけでなく、厩舎サークルへもアピールできたと思う。展示にあった尾形一門の系統図を見て、自分が尾形一門につながることを再認識した関係者もいたはずだ。

これから先も枝葉はどんどん伸びる。師匠と弟子の関係が希薄になっていく昨今だが、こういう会があると改めて認識することができる。またOBを含め、調教師同士の親睦を深めることで、競馬界全体の後押しになればいいと思う。これからもその活動には積極的に参加していきたい。これも競馬界で自分が生きた証の一つだと思っている。

終わりに

コロナ禍の中、２０２１年４月に始まった週刊Ｇａｌｌｏｐの連載「私の馬研究ノート」も、気がつけば２年半が過ぎようとしている。回数も１３０を超え、そろそろ単行本にまとめたいと思った。

２０２４年２月末にはいよいよ70歳で調教師引退となる。調教助手として14年、調教師として28年、ともかくも生き延びて来れたことが、奇跡だと思っている。競馬界の懐の深さには感謝しかない。

引退後、特に決まっていることはないが、やりたいことはたくさんある。馬研究も続けるつもりだ。成果が出れば、今後も書籍化していきたい。

この単行本は、現役のうちに出す最後の競馬関連書籍となる。取材に協力していただいた関係者の方々には謝意を表したい。週刊Ｇａｌｌｏｐ編集部、編集協力のＳＨＩＧＳ代表・金子茂氏にも感謝したい。そして何より馬主さんと厩舎スタッフ。長いことおつきあいいただき、ありがとうございました。厩舎業務をこなしながら執筆活動ができたのは、皆さんのおかげです。引退後も仲良くしてください。

令和5年10月美浦トレーニングセンター厩舎内にて

小桧山　悟

【著者略歴】
1954年生まれ。兵庫県西宮市出身。
1969年アフリカに渡り、ナイジェリアの高校に留学。
帰国後、東京農工大・馬術部を経て、1981年JRA調教助手。
調教師免許取得は1995年。翌年厩舎開業。
通算291勝(2023年10月末現在。中央217勝・地方74勝)。
2008年の日本ダービー、スマイルジャックで僅差の2着。
浅田次郎、萩本欽一など著名人を馬主にもつ。

装丁／修水
編集／SHIGS
カバー写真／小桧山 悟

私の馬研究ノートI
蹄音の誘《いざな》い
著者　小桧山 悟

2023年12月1日　初版第1刷　発行

発行人　山本正豊
発行所　株式会社ラトルズ
〒115-0055　東京都北区赤羽西4-52-6
電話 03-5901-0220(代表)／FAX 03-5901-0221
URL　https://www.rutles.co.jp/

印刷・製本　株式会社ルナテック